汽车维护与保养

主　编　袁家旺
副主编　梁家生　黄启敏
参　编　贺　民　彭荣富　黎晶荣
　　　　窦　捷　陆信光　韦志强
　　　　黄　文　易坤仁　洪　科

北京理工大学出版社
BEIJING INSTITUTE OF TECHNOLOGY PRESS

内容简介

本书以汽车维护的“清洁、润滑、检查、补给、调整、紧固”作业为主线，以大量的实景图片详细讲述了汽车定期维护和非定期维护的目的、作业内容、操作步骤、操作注意事项和技术要求等内容，有针对性地用实例示范了汽车维护与保养作业的操作步骤与流程。

本书共分 6 个单元分别是汽车维护常用工具、量具和设备的使用，汽车油液使用技术，汽车日常维护与磨合期维护，汽车一级维护，汽车二级维护作业，雪佛兰轿车 40000km 维护作业。

本书可作为高等院校汽车运用与维修专用及相关专业师生的教学用书，也可供汽车维修人员、汽车驾驶人员及相关管理人员参考。

图书在版编目（CIP）数据

汽车维护与保养 / 袁家旺主编. —北京：北京理工大学出版社，2017.8

ISBN978-7-5682-4464-0

Ⅰ. ①汽…　Ⅱ. ①袁…　Ⅲ. ①汽车－车辆修理　②汽车－车辆保养　Ⅳ. ① U472

中国版本图书馆 CIP 数据核字（2017）第 191557 号

出版发行 / 北京理工大学出版社有限公司
社　　址 / 北京市海淀区中关村南大街 5 号
邮　　编 / 100081
电　　话 /（010）68914775（总编室）
（010）82562903（教材售后服务热线）
（010）68948351（其他图书服务热线）
网　　址 / http://www.bitpress.com.cn
经　　销 / 全国各地新华书店
印　　刷 / 北京市雅迪彩色印刷有限公司
开　　本 / 787 毫米 ×1092 毫米　1/16
印　　张 / 12.5
字　　数 / 295 千字
版　　次 / 2017 年 8 月第 1 版　2017 年 8 月第 1 次印刷
定　　价 / 59.8 元

责任编辑 / 赵　岩
文案编辑 / 邢　琛
责任校对 / 周瑞红
责任印制 / 马振武

图书出现印装质量问题，请拨打售后服务热线，本社负责调换

前 言

preface

汽车作为便利的运输及交通工具已经走进了千家万户，汽车维修业成了名副其实的新兴行业。目前，汽车维修业已由纯劳动技术型行业转化为具有专业技术型、市场调节型、服务延展型特性的，为广大汽车消费者提供全方位服务的行业。汽车售后技术服务逐渐向常规维护和免拆维护方向发展，“以养代修”的理念逐步被人们认同。另外，国家对车辆排放控制要求越来越严格，为确保行车安全、降低能耗、减少环境污染、延长车辆使用寿命，我国现行的“定期检查、强制维护、视情修理”汽车维修原则也越来越多地被汽车维修企业接受。为了适应高等教育教学改革、满足培养汽车维护操作技能型人才的需要，我们特组织编写了本书。

本书以现代汽车维护的“清洁、润滑、检查、补给、调整、紧固”维护作业为主线，主要以雪佛兰轿车、丰田轿车、五菱微型客车为例，用大量结构图、原理图和实景图，详细讲述了汽车定期维护和非定期维护的作业内容。

本书以就业为导向，以学生为主体，以培养实用型人才为根本任务，按理论－实践一体化教学要求编排教学内容。本书的内容系统、连贯、完整，具有较强的实用性。本书由袁家旺担任主编，梁家生、黄启敏担任副主编，参加编写的还有贺民、彭荣富、黎晶荣、窦捷、陆信光、韦志强、黄文、易坤仁、洪科。

由于编者水平有限，书中难免存在不妥之处，敬请广大读者提出宝贵意见。

编　者

contents

目录

项目准备　汽车维护知识

知识目标

1. 了解汽车维护和汽车维护制度的定义。
2. 了解我国汽车维护制度的基本原则。
3. 熟悉汽车维护种类、维护周期。
4. 理解汽车维护的目的。

能力目标

1. 能说出汽车维护及汽车维护制度定义、汽车维护原则、维护种类；
2. 能正确描述汽车维护的目的；
3. 能根据所学汽车维护知识制定工作计划并进行实施。

素质目标

1. 具有较强的口头与书面表达能力、人际沟通能力；
2. 具有团队精神和协作精神；
3. 具有良好的心理素质和克服困难的能力；
4. 能与客户建立良好、持久的关系。

一、汽车维护概念

汽车维护是指维持汽车完好技术状况或工作能力而进行的作业。

(1) 广义的汽车维护包括汽车美容、汽车装饰和汽车日常维护、一级维护、二级维护及相关的检测。

(2) 狭义的汽车维护指汽车在使用中进行预防性的维护作业，包括清洁作业、检查作业、紧固作业、调整作业。

二、汽车维护的作业规范

除主要总成发生故障必须解体外，不能对车辆总成进行解体。

三、汽车维护制度

汽车维护制度是指对汽车进行维护工作而规定的技术性组织措施，是贯彻安全第一、预防为主，保障汽车安全运行的基本制度。我国的汽车维护制度贯彻“定期检查、强制维护、预防为主、安全第一”的原则。

四、汽车维护的目的

汽车维护的目的：保持车辆外观整洁，延长汽车零部件的使用寿命，减少不必要的损坏，并及时发现和消除故障隐患，使车辆经常保持良好技术状况，保证行车安全，延长大修间隔里程，确保车辆具有良好的经济性，减少噪声、废气的排放污染。

五、汽车维护的种类

依据维护作业的周期和性质不同，汽车维护可分为定期维护和非定期维护。

定期维护：
- 日常维护
- 一级维护
- 二级维护

非定期维护：
- 磨合期维护
- 季节性维护

1. 日常维护

汽车日常维护是指以清洁、补给、安全检视为中心的维护作业。日常维护应坚持三检、四清、四防制度。

三检：出车前、行车中、收车后检查车辆的安全部件、连接件。

四清：清洁机油滤清器、空气滤清器、燃油滤清器、蓄电池。

四防：对润滑油（脂）、燃油、冷却液、轮胎进行检视，防止漏油、漏气、漏水、漏电。

日常维护由驾驶员完成，是汽车其他维护的基础。

2. 一级维护

一级维护指除日常维护工作外，以润滑、紧固为中心，并检查相关安全部件的维护作业。

一级维护由维修企业负责完成，车辆每行驶 5000 ～ 7500km 进行。

3. 二级维护

二级维护指除一级维护工作外，以检查、调整容易磨损、变形的安全部件为中心，并进行轮胎拆检、轮胎换位的维护作业。

二级维护的工作流程如下：

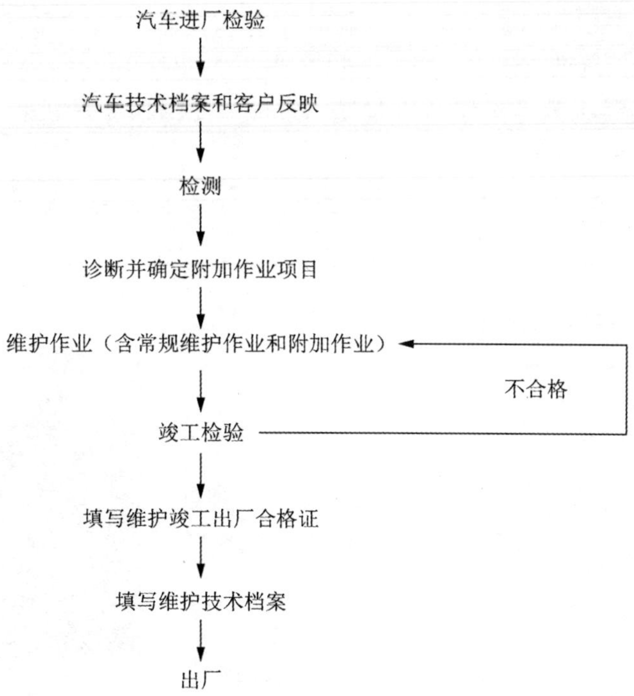

二级维护由维修企业负责完成，车辆每行驶 15000 ～ 20000km 进行。

4. 磨合期维护磨

磨合期维护磨指新车、大修车在磨合期内以清洁、润滑、紧固为中心内容的维护作业。

磨合期维护由生产企业免费提供服务，车辆行驶 1000~2500km 后进行。

5. 季节性维护

季节性维护又称换季维护，指汽车进入冬、夏运行，在季节变换之前为试汽车适应季节变换而实施的维护。

季节性维护通常结合定期维护一并进行，重点是更换适应季节使用的润滑油、冷却液及蓄电池电解液

六、汽车维护周期

1. 维护周期的定义

维护周期指同级维护之间间隔的里程或间隔的时间。

2. 维护周期的制定依据

1）日常维护周期

根据中国国家标准 GB/T#18344 2001《汽车维护、检测、诊断技术规范》的规定，日常维护的周期为出车前、行车中、收车后维护。

2）一、二级维护周期

依据车辆使用说明书规定，结合汽车使用条件、使用强度等因素，由各省、市交通主管部门确定一、二级维护周期。

一级维护周期：一般为 5000~7500km（或 6 个月）或根据具体车型而定，以先到者为准。

二级维护周期：一般为 15000~20000km。

七、汽车维护安全注意事项

1. 个人安全

1）眼睛的防护

在汽车维护过程中会有意想不到的飞来物体或飞溅液体，在使用压缩空气、清洗剂等情况下应考虑佩戴防护目镜（图 0–1）。

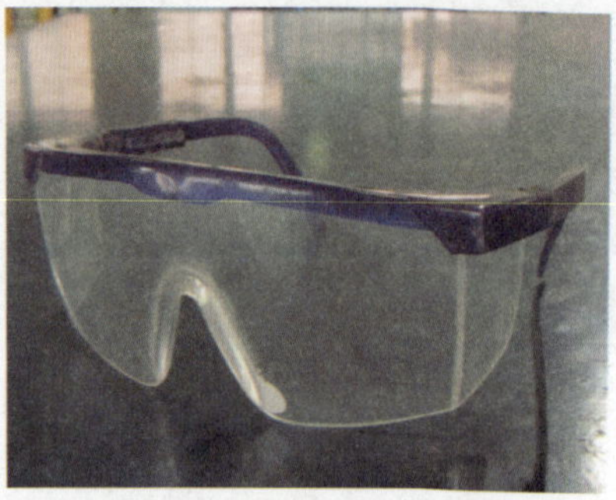

图 0-1 防护目镜

2）手的保护

(1) 不把手放到发动机传动带、排气管或发动机舱盖、门框等区域。

(2) 戴防护手套。检查轮胎、排气管、车底安装件、冷却液等部位时需要戴防护手套（图 0–2）。

3）衣服、头发、饰物

进行汽车维护必须穿合体的工作服（图 0–2）并扣好衣扣，不戴手表或其他饰物；穿防滑劳保鞋；长头发要扎起来并戴上帽子。

图 0-2 防护服及防护手套

2. 工具及设备安全

(1) 不使用损坏的工具，工具用完后及时放回工具车并摆放好。

(2) 不用工具代替撬棍。

(3) 使用尖利的工具时，尖利一端不朝向自己或其他人，举起工具的幅度不要过大以免伤人。

(4) 设备在使用前要先检查其安全性能，在不了解使用方法前不去操作工具和设备。

(5) 使用千斤顶顶起车辆时，人不能到车底；使用举升机举升车辆时，必须先释放安全保险后才能到车底进行维护作业。千斤顶和举升机要按正确的规程操作。

(6) 使用压缩空气时，不把空气对着自己或其他人。

3. 用电安全

220V 或 380V 导线必须可靠绝缘；整理或收拾排插、电动工具时应先断开电源。

项目小结

(1) 汽车维护的目的是保持车辆外观整洁，延长汽车使用寿命，及时发现和消除故障隐患，使车辆保持良好技术状况，保证行车安全，确保车辆具有良好的经济性，减少噪声、废气的排放污染。

(2) 汽车维护制度贯彻“定期检查、强制维护、预防为主、安全第一”的原则。

(3) 汽车定期维护分日常维护、一级维护、二级维护。

(4) 汽车维护以清洁、润滑、检查、补给、紧固、调整为工作内容。

(5) 汽车维护必须注意个人安全、工具与设备安全和用电安全。

思考与练习

一、填空题

1. 汽车维护是指________________________________。

2. 汽车维护制度贯彻________________________________。

3. 汽车定期维护分为__________、__________、__________。

二、选择题

1. 日常维护由（　　）完成。

A. 驾驶员　　B. 生产企业售后服务部

C. 一般维修企业　　D. 汽车检测站

2. 一级维护间隔里程一般为（　　）或6个月，以先到达的为准。

A.1000~1500km　　B.5000~7500km

C.10000~15000km　　D.20000~30000km

3. 二维护间隔里程一般为（　　）。

A.1500~2000km　　B.15000~20000km

C.2000~3000km　　D.20000~30000km

三、判断题

1. 汽车定期维护的周期越短越好。（　　）

2. 汽车定期维护包括磨合期维护、一级维护、二级维护 。（　　）

3. 汽车定期维护的间隔里程由车主自己决定。（　　）

四、简答题

1. 汽车维护的目的是什么？

2. 日常维护、一级维护、二级维护的中心内容是什么？

项目一　汽车维护常用工具、量具、设备的使用

车维护常用的工具主要有扳手、起子、钳子，常用量具主要有轮胎气压表、电解液密度计、万用表、轮胎纹深度规、百分表，常用设备主要指举升机。

任务一　常用工具的使用

任务导入

南宁市一家4S店招聘汽保技工，两名刚从职校毕业的学生来应聘，4S店招聘负责人给这两名学生布置了三个任务进行考核。第一个任务是从工具箱内选出轿车40000km保养所需的常用工具，并进行操作演示。两名学生要完成这项任务，必须了解、熟悉常用工具特点、使用方法及注意事项。

知识储备

一、汽车维护常用的工具

汽车维护常用的工具包括扳手、螺钉旋具、钳子。

二、常用工具的选用原则

1．根据工作部位选用工具

首选套筒扳手，其次选用梅花扳手，最后选择开口扳手。

2．根据工作速度选用工具

旋转空间窄小的螺栓、螺母可选用套筒扳手。棘轮手柄配合套筒使用，可以大幅度提高工作效率。

3．根据扭矩的大小选用工具

需要大扭矩的螺栓、螺母可选用长柄工具，但要注意用力不宜过猛。

三、操作注意事项

（1）工具的规格必须与需要拆装的螺栓、螺母的规格大小一致。

（2）要使用手掌推动或用向内拉动工具的方法拆装螺栓、螺母（图 1–1–1 和图 1–1–2）。

图 1-1-1　开口扳手的使用

图 1-1-2　梅花扳手的使用

任务实施

一、准备工作

（1）汽车两辆。

（2）各种常用工具、工具车。

二、实施过程

1. 套筒扳手的使用

1）操作步骤

（1）选出合适的延伸杆套入扳手手柄。

（2）选出与所拆螺栓或螺母规格一致的套筒套入延伸杆。

（3）左手握住套筒手杆前端，右手握住套筒手杆后端手柄向内板转。

2）技术要求

（1）应尽量用浅腔套筒，少用深腔套筒，深腔套筒容易使紧固螺栓、螺母滑丝；薄壁套筒不能作为冲击套筒使用。

（2）棘轮手柄配合套筒使用时，应先用其他扳手把螺栓、螺母拧松后再使用棘轮手柄。

（3）紧固扭矩较大的螺栓、螺母时，棘轮手柄只能用来预紧，不能作为最后的紧固工具。

（4）使用棘轮手柄时，要朝自己方向用力拉动手柄。

各种套筒工具的实物图如图 1–1–3 ～图 1–1–7 所示。

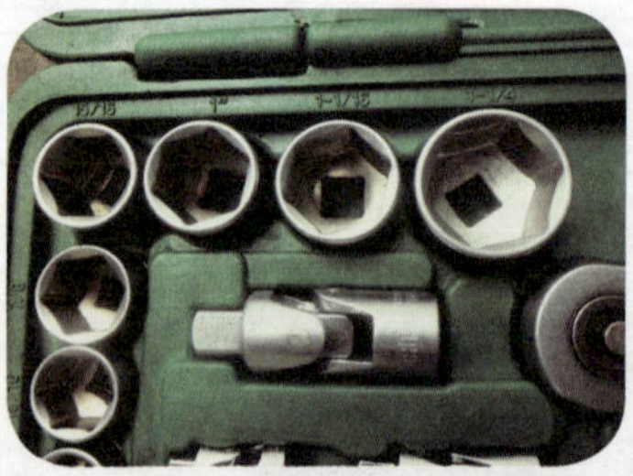

图 1-1-3　薄壁、浅腔套筒

图 1-1-4　厚壁套筒

图 1-1-5　深腔套筒

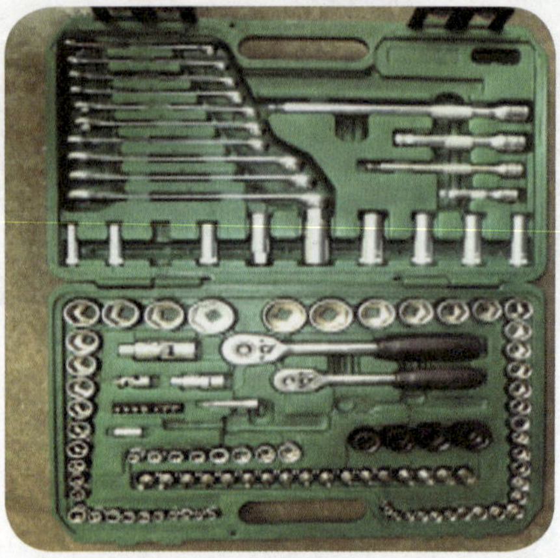

图 1-1-6　组合工具

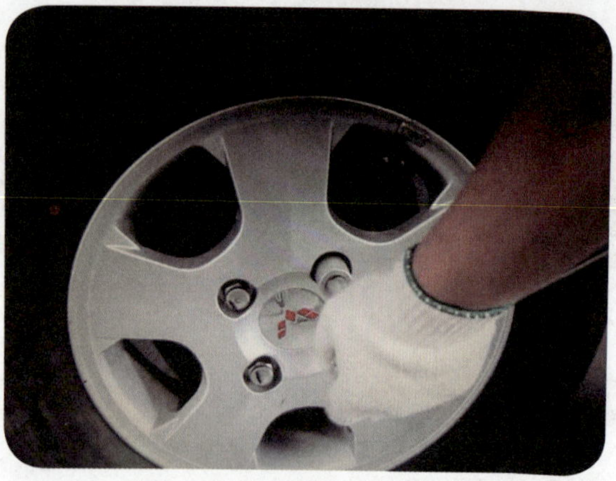

图 1-1-7　套筒扳手的使用

2. 开口扳手、梅花扳手的使用

1）常用规格

8—10mm、9—11mm、12—14mm、13—15mm、14—17mm、17—19mm、22—24mm。

2）操作步骤

开口扳手和梅花扳手的操作步骤如图 1–1–1 和图 1–1–2 所示。

3）技术要求

(1）扳手的规格与所拆螺栓、螺母的规格要一致。

(2）用拉力拆装时，拉力作用在开口较厚的一边，并顺时针拉动扳手。

(3）用推力拆装时，用手掌力推动扳手，不用握推的方法，以免伤到手指。

3. 扭矩扳手的使用

1）刻度盘式扭矩扳手（图 1–1–8）的操作步骤

(1）选出合适的延伸杆套入扭矩扳手。

(2）选出与所拆螺栓或螺母规格一致的套筒套入延伸杆。

(3）扳手套入螺栓或螺母后按规定的扭矩把扳手往自己的方向顺时针拉动扳手手柄，使扳手的指针指在刻度盘上规定的扭矩值即可，如图 1–1–9 所示。

图 1-1-8　刻度盘式扭矩扳手

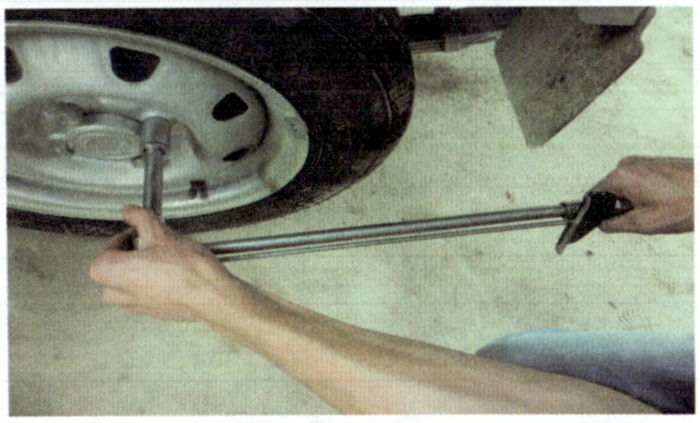

图 1-1-9　刻度盘式扭矩扳手的使用

2）预置式扭矩扳手（图 1–1–10）的操作步骤

(1) 选出合适的延伸杆套入扭矩扳手。

(2) 逆时针转动扳手的锁止装置使扳手解锁，如图 1–1–11 所示。

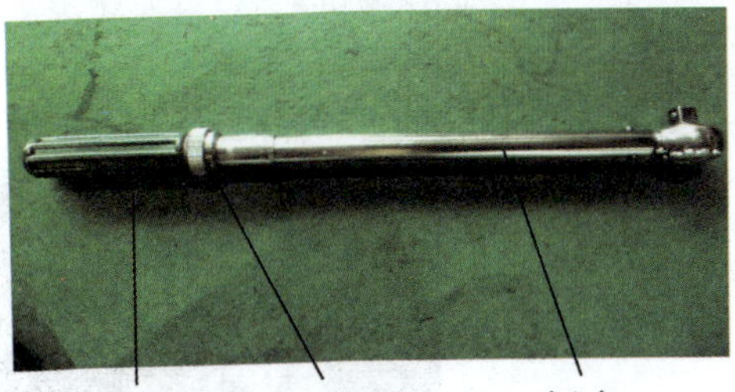

图 1-1-10　预置式扭矩扳手

图 1-1-11　扳手解锁与锁止

(3) 转动扳手手柄，根据需要使手柄上小数部分的数字刻线对齐杆身整数部分数字刻线，使手柄前端的边缘与杆身上所需调整的扭矩读数刻线贴合（图 1–1–12 预调的扭矩是 80N·m）。

(4) 将与所拆螺栓或螺母规格一致的套筒套入延伸杆后再套入要紧固的螺栓或螺母，并调整好旋转方向（图 1–1–13）。

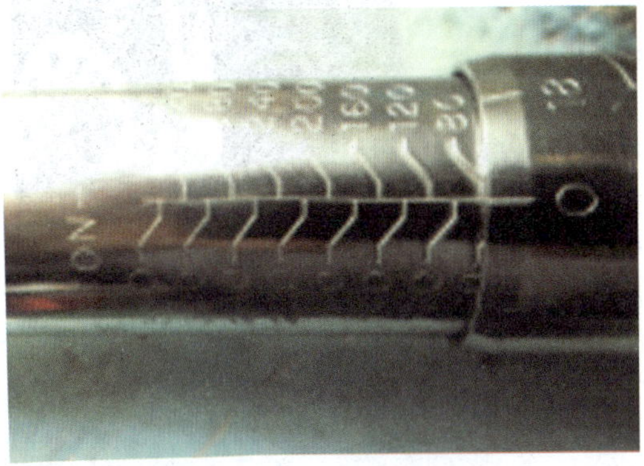

图 1-1-12　扳手扭矩调整

图 1-1-13　扳手转向调整

(5) 往自己方向拉动扳手手柄，听到扳手发出“滴答”声后，停止拉动扳手。

3）技术要求

1）不能用预置式扭矩扳手拆卸紧固的螺母或螺栓，否则会损坏扳手。

2）听到扳手发出“滴答”响声后应立即停止拉动扳手，否则会损坏扳手。

4. 气动冲击扳手的使用

1） 操作步骤

（1）把空气压缩机气压管与扳手连接管连接起来。

（2）按需要调整扳手旋转方向：把方向旋钮从扳手的左侧向右侧推到底，扳手的转子顺时针转动；把方向旋钮从扳手右侧向左侧推到底，扳手的转子逆时针转动。

（3）选择合适的厚壁套筒装入扳手转子驱动杆。选用的套筒规格与要拆装的螺栓、螺母的规格要一致。

（4）调整扳手的转速。方向旋钮上有 1、2、3、4 共 4 个挡位，调整时，把旋钮上的各挡刻度线对齐旋钮旁的刻度线即可。拆装轿车轮胎螺栓、螺母多用 2 挡或 3 挡。

（5）把扳手上的冲击套筒套入要拆装的螺栓或螺母，按下气动开关即可。

2）技术要求

（1）使用气动冲击扳手（图 1-1-14）时，要选用冲击套筒及其接杆，气动冲击扳手的套筒安装如图 1-1-15 所示。

（2）检查扳手转向时不能装入套筒检查。

（3）冲击扳手不能用来紧固关键零件，只能用来进行预紧。

图 1-1-14 气动冲击扳手

（4）使用时（图 1-1-16），一手抓住扳手前端，另一手抓住手柄，扳手发出“嗒、嗒、嗒、嗒”的响声，在发出 3~4 声后应松开按钮，停顿一会儿再第二次按下按钮让扳手工作，否则容易损坏扳手。

图 1-1-15 气动冲击扳手的套筒安装

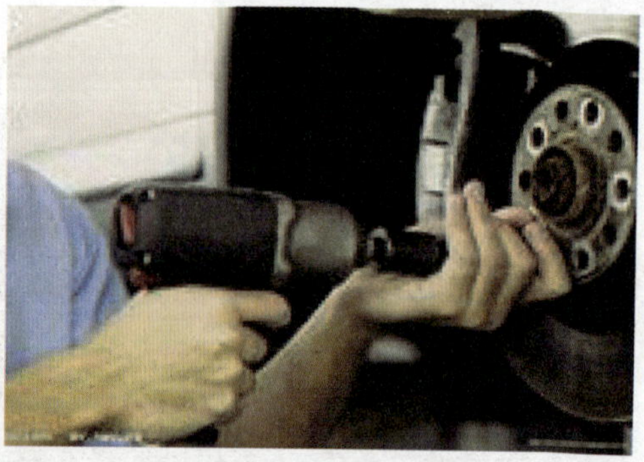

图 1-1-16 气动扳手的使用

5. 螺钉旋具和钳子的使用

螺钉旋具和钳子实物分别如图 1–1–17 和图 1–1–18 所示。

操作注意事项：

（1）使用螺钉旋具时，不能把螺钉旋具当冲击螺钉旋具或撬棍使用。

（2）使用钳子时，不能把钳子当铁砧或锤子使用。

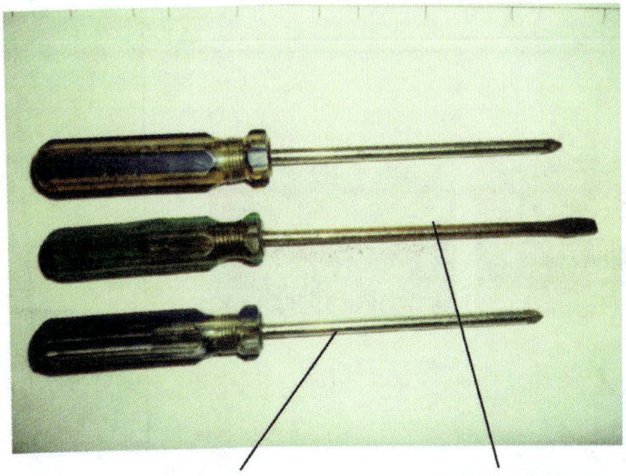

图 1-1-17　螺钉旋具

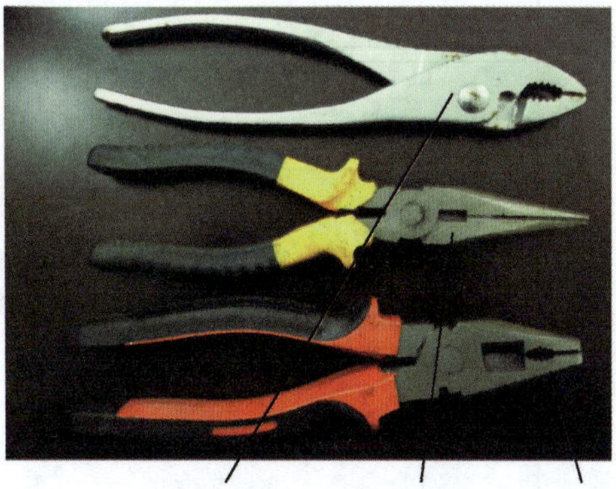

图 1-1-18　钳子

任务检验

任务结束后，完成以下项目工作页。

<table>
<tr><td>班级</td><td>姓名</td><td>项目名称</td><td>完成日期</td><td>成绩</td><td>自我评价</td></tr>
<tr><td></td><td></td><td></td><td></td><td></td><td rowspan="4"></td></tr>
<tr><td>项　目</td><td colspan="4">内容</td></tr>
<tr><td>常用工具的认识</td><td colspan="4">写出下图工具名称
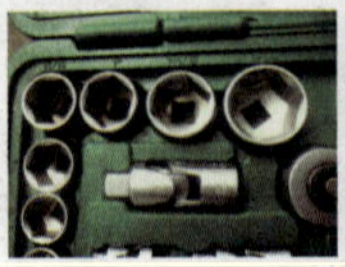   </td></tr>
<tr><td>常用工具的使用</td><td colspan="4">1. 写出预置式扭力扳手使用步骤

2. 写出气动扳手的使用步骤</td></tr>
</table>

任务二 常用量具的使用

任务导入

南宁市一家4S店招聘汽保技工，两名刚从职校毕业的学生来应聘，4S店招聘负责人给这两名学生布置了三个任务进行考核。第二个任务是从工具箱内选出轿车40000km保养所需的常用量具，并进行操作演示。两名学生要完成这项任务，必须了解、熟悉常用量具特点、使用方法及使用注意事项。

知识储备

一、汽车维护常用的量具

汽车维护常用的量具有轮胎气压表、电解液相对密度计、便携式折射计、万用表、轮胎胎纹深度规、百分表。其中，万用表分指针式万用表和数字式万用表两种。

二、量具使用注意事项

(1) 测量时与工件接触应适当，不可偏斜，要避免用手触及测量面，保护量具。
(2) 测量力应适当，过大的测量压力会产生测量误差，容易使量具损伤。
(3) 量具的量杆要与工件垂直，否则测量不准确。
(4) 不可测量转动中的工件，以免发生危险。
(5) 不要将量具强行推入工件中使用。
(6) 不可任意敲击、乱丢或乱放量具。
(7) 量具的使用应遵照一定的方法和步骤。

任务实施

一、准备工作

(1) 汽车两辆、轮胎4个、蓄电池4个。
(2) 各种常用量具、工具车、工作台。

二、操作步骤

1. 轮胎气压表的使用

常用轮胎气压表如图1–2–1~图1–2–3所示。

图 1-2-1　轮胎气压表（一）

图 1-2-1　轮胎气压表（二）

图 1-2-3　以 bar 为单位的气压表

操作步骤如下。

1）检查气压

(1) 用手压下气嘴锁夹。

(2) 把气门嘴套入轮胎气门上。

(3) 读出表上指针所指读数（图 1–2–4 和图 1–2–5）。气压不足的应进行充气。

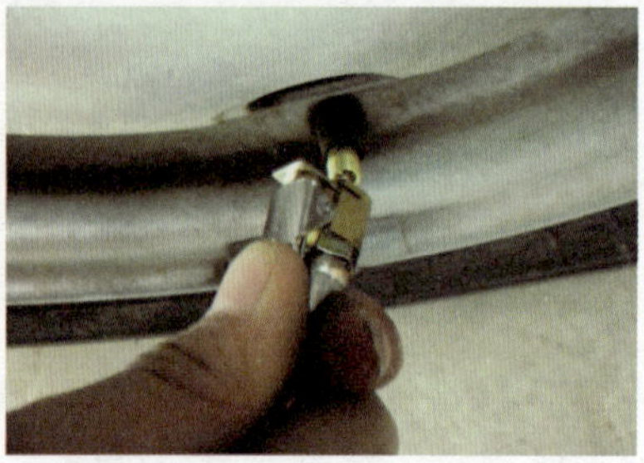

图 1-2-4　安装气压表气管夹具

图 1-2-5　检查轮胎气压

2）充气

(1) 把空气压缩机气管接到打气枪气管上，如图 1–2–6 和图 1–2–7 所示。

图 1-2-6　安装打气枪快速接头

图 1-2-7　打气枪与气管的连接

(2) 用手往下压气嘴锁夹，然后把气门嘴套入轮胎气门上。

(3) 核对轮胎标准气压（一般标在驾驶员一侧轮胎上，如图 1–2–8 所示）。

(4) 压下气枪开关手柄，空气压缩机即给轮胎充气。

充气过程中，视轮胎气压情况，充气片刻应松开气枪开关手柄检查轮胎压力，直到达到标准压力值为止（图 1–2–9）。

图 1-2-8　轮胎标准气压

图 1-2-9　充气

压力单位：MPa（兆帕）、KPa（千帕）、kg（千克）、bar（巴）。

单位换算：1MPa=1000KPa，1kg=100KPa，1kg = 1bar 。

2. 电解液相对密度计和便携式折射计的使用

电解液相对密度计和便携式折射计的实物图分别如图 1–2–10 和图 1–2–11 所示。

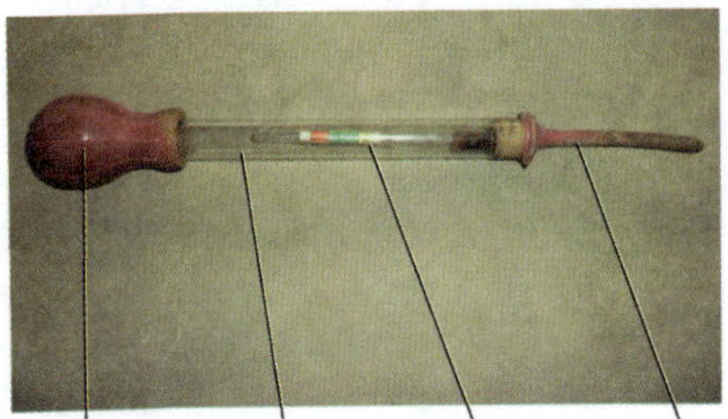

图 1-2-10　电解液相对密度计

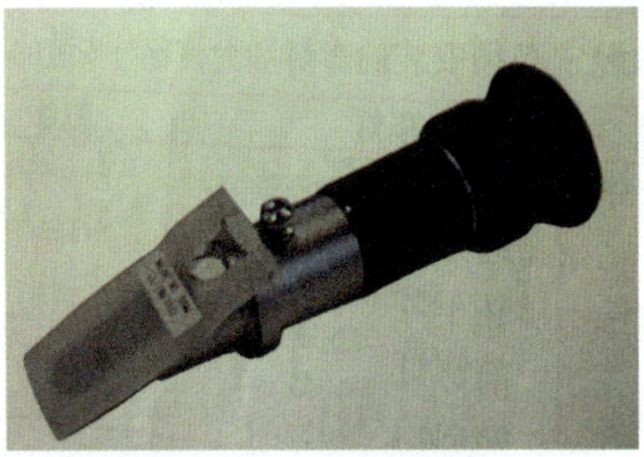

图 1-2-11　便携式折射计

1）电解液相对密度计的操作步骤

(1）捏住橡皮球，排出密度计内的空气（图 1–2–12）。

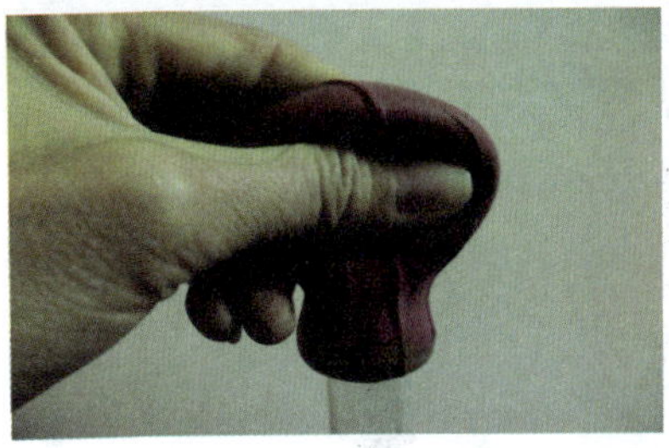

图 1-2-12　排空气

图 1-2-13　吸管伸入电池单格

(2）将密度计吸管伸入蓄电池单格内（图 1–2–13），慢慢松开橡皮球吸入电解液，当电解液液面上升到玻璃管 2/3 位置（如图 1–2–14）时，完全松开橡皮球。

(3) 把密度计轻轻提起到吸管要离开蓄电池单格时，眼睛平视电解液液面（图 1–2–15），观察密度芯与液面对齐的刻度线，读出该刻度线的读数，即为电解液相对密度。

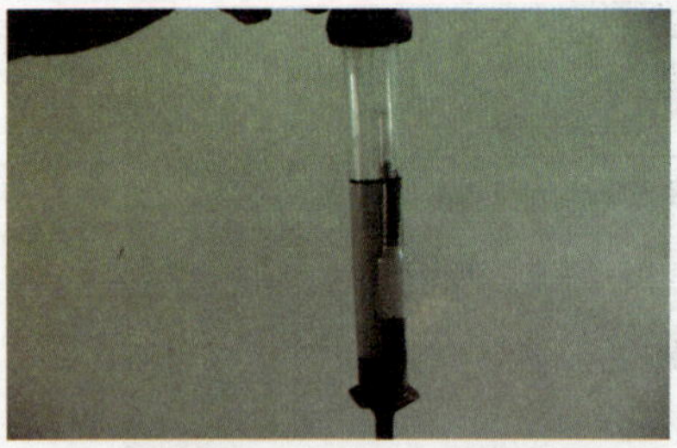

图 1-2-14　吸入电解液

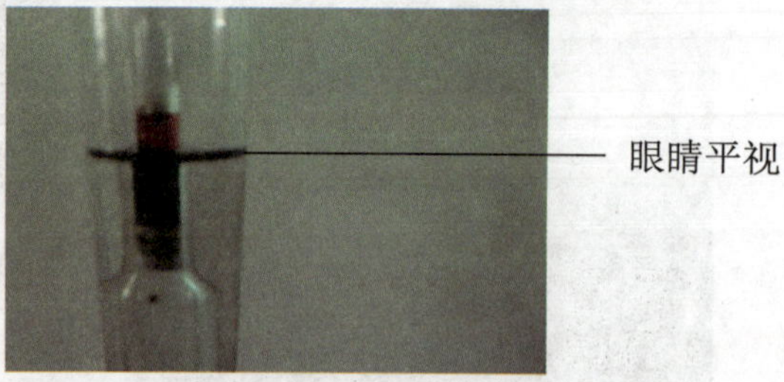

图 1-2-15　观察液面位置

操作注意事项：电解液相对密度计为易碎品，使用中应小心轻放，使用后要把密度计内的电解液排干。

2）便携式折射计的操作步骤

（1）打开便携式折射计玻璃防护罩（便携式折射计的结构如图 1-2-16 所示）。

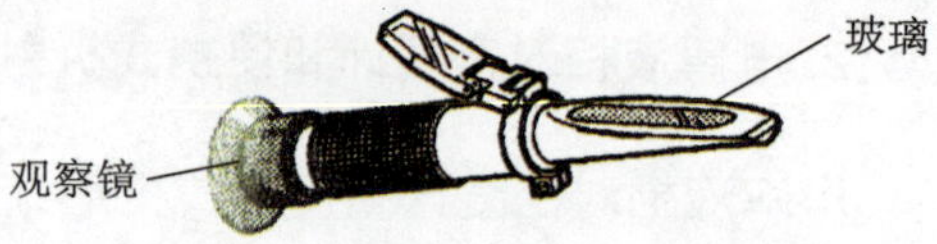

图 1-2-16　便携式折射计的结构

（2）把玻璃擦拭干净后，用吸管吸一滴电解液或冷却液滴在折射计玻璃中间（玻璃应保持水平状态），从观察镜观察，读出与色带上边缘线贴合的刻度线读数，即为电解液相对密度或冷却液冰点。

3. 万用表的使用

1）万用表的作用

万用表用来测量电阻、电压、电流、电容、二极管、晶体管等基本参数。

2）数字式万用表的操作步骤

数字式万用表的结构如图 1-2-17 所示。

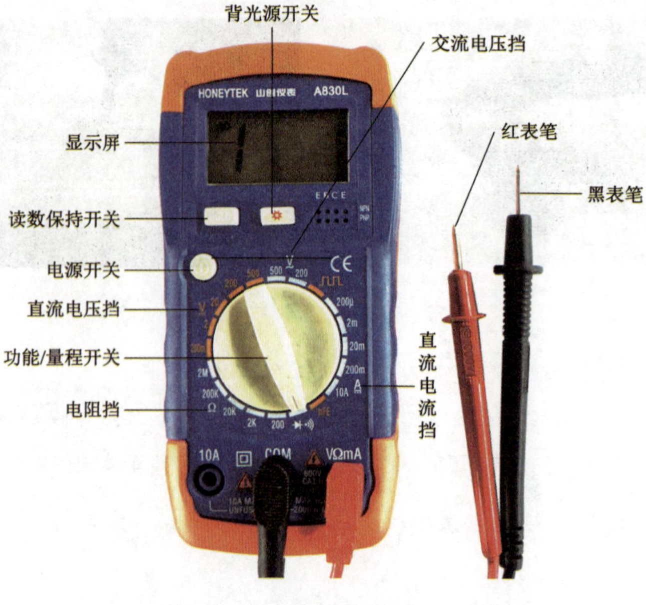

图 1-2-17　数字式万用表的结构

（1）测量前的准备。熟悉万用表电源开关、量程开关等开关及插孔的作用和使用中要注意的事项。

（2）电阻挡的操作步骤如下。

①把红表笔插入 VΩmA 插孔，黑表笔插入 COM 插孔。

②把量程开关调到电阻挡合适的量程。具体的量程选用如下。

200Ω 量程：测量电阻值在 200Ω 以下的电器元件的电阻。

2kΩ 量 程：测量电阻值大于 200Ω 而又小于 2kΩ 的电器元件的电阻。

20kΩ 量程：测量电阻值大于 2kΩ 而又小 20kΩ 的电器元件的电阻。

200kΩ 量程：测量电阻值大于 20kΩ 而又小于 200kΩ 的电器元件的电阻。

2M 量程：测量电阻值在 200kΩ 以上的电器元件的电阻。

③将万用表红表笔、黑表笔分别接到待测电阻两端，显示屏即显示电阻的读数，如图 1–2–18 和图 1–2–19 所示。

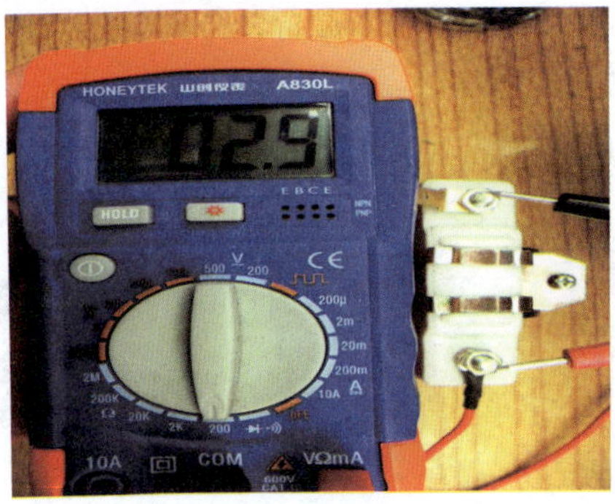

图 1-2-18　测附加电阻

图 1-2-19　测点火线圈电阻

使用电阻挡要注意的事项：

①不能用电阻挡测量电路的电压、电流，应先切断电路电源后再进行测量，否则会损坏万用表。

②测量中，显示屏显示“1”表示所用量程太小，应选择更高的量程。

（3）直流电压挡的操作步骤如下。

①把红表笔插入 VΩmA 插孔，黑表笔插入 COM 插孔。

②把量程开关调到直流电压挡合适的量程。具体的量程选用如下。

2V 量程：测量 2V 以下的电源电压（如 1.5V 干电池）。

20V 量程：测量 2~20V 的电源电压（如 6V、12V 蓄电池）。

200V 量程：测量 20~200V 的电源电压（如 36V、48V 串联电池组）。

提示：不了解所测的电源电压范围时，应从最高量程开始测量，逐个量程进行测试。

③将红表笔接电源正极（+），黑表笔接电源负极（—），显示屏即显示电压的读数。

（4）交流电压挡的操作步骤如下。

①把红表笔插入 VΩmA 插孔，黑表笔插入 COM 插孔。

②把量程开关调到交流电压挡合适的量程。具体的量程选用如下。

200V 量程：测量 200V 以下的交流电。

500V 量程：测量 200~500V 的交流电（如 220V、380V 交流电）。

③将两支表笔与电源相线、中性线分别相接（不分正负极），显示屏即显示电压的读数。

提示：不了解所测的电源电压范围的，应从最高量程开始测量，逐个量程进行测试。

使用电压挡要注意的事项：所用的量程要比待测的电源额定电压大，输入万用表的电压不能高于表上标示的最高量程。

（5）直流电流挡的操作步骤如下。

①把红表笔插入 VΩmA 插孔，黑表笔插入 COM 插孔。待测电源电流大于 200m 的，把红表笔插入“10A”插孔，黑表笔继续插在 COM 插孔中。

②把量程开关调到直流电流挡合适的量程：待测电流大于 200mA 的，用 10A 量程。

③把万用表两支表笔串接于待测电路中，显示屏即显示电流的读数。

4. 轮胎深度规的使用

不同种类的深度规如图 1-2-20 所示。

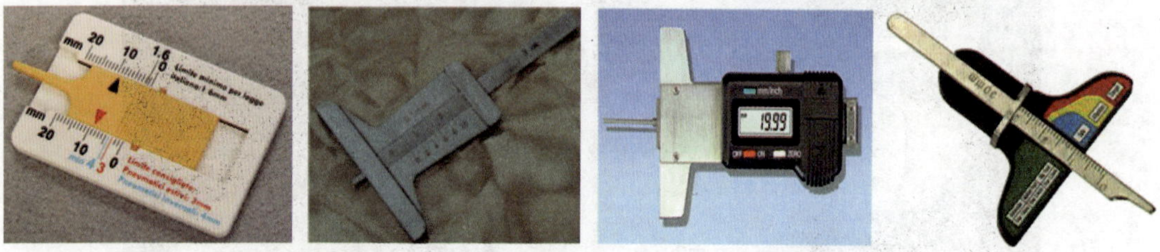

图 1-2-20　不同种类的深度规

1）深度规的操作步骤

（1）了解深度规色环上的刻度标记的作用。

（2）把深度规垂直插入轮胎胎面沟槽。

（3）使深度规架的底部与胎面贴合，捏住并取出深度规，读出色环上三角标记“▲”对齐的刻度线读数，即为轮胎胎纹深度。（注意：要把读数的单位换算成 mm）

2）技术要求

深度规要垂直于测量部位的胎面，并且要完全插入胎槽底部。

任务检验

任务结束后，完成以下项目工作页。

<table>
<tr><td>班级</td><td>姓名</td><td>项目名称</td><td>完成日期</td><td>成绩</td><td>自我评价</td></tr>
<tr><td></td><td></td><td></td><td></td><td></td><td rowspan="4"></td></tr>
<tr><td>项　目</td><td colspan="4">内容</td></tr>
<tr><td>常用量具的认识</td><td colspan="4">汽车维护中常用量具主要有：</td></tr>
<tr><td>常用量具的使用</td><td colspan="4">1. 写出电解液相对密度计使用步骤

2. 写出轮胎深度规使用步骤</td></tr>
</table>

任务三　举升机的使用

任务导入

南宁市一家 4S 店招聘汽保技工，两名刚从职校毕业的学生来应聘，4S 店招聘负责人给这两名学生布置了三个任务进行考核。第三个任务是用举升机升降车辆。两名学生要完成这项任务，必须了解、熟悉举升机的结构、使用方法及使用注意事项。

知识储备

一、举升机的作用

举升机用来举升待修车辆，减轻工作强度，提高工作效率。

二、举升机的种类

举升机按结构不同分为立柱式举升机、龙门式举升机（图 1–3–1）、剪刀式举升机（图 1–3–2 和图 1–3–3）等。其中立柱式举升机又分为单立柱式举升机（图 1–3–4）、二立柱式举升机（图 1–3–5）和四立柱式举升机（图 1–3–6）。

图 1-3-1　龙门式举升机

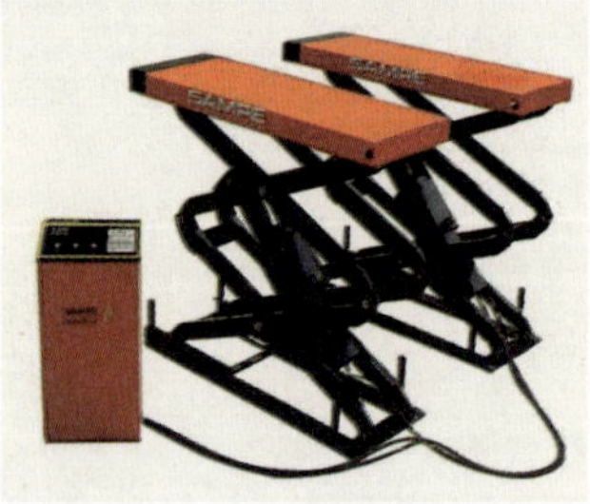

图 1-3-2　小剪刀式举升机

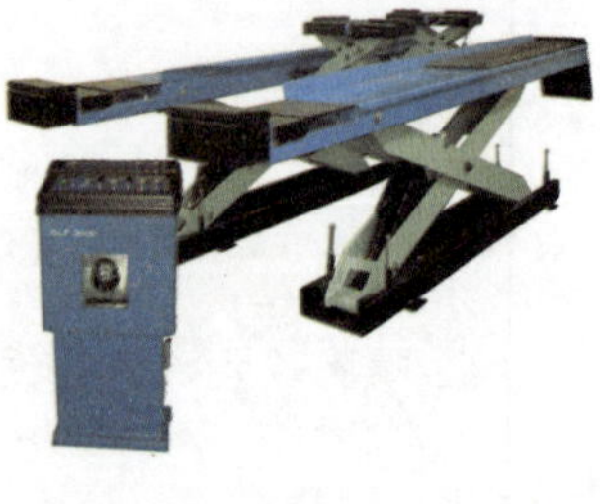

图 1-3-3　大剪刀式举升机

图 1-3-4　单立柱式举升机

图 1-3-5　二立柱式举升机

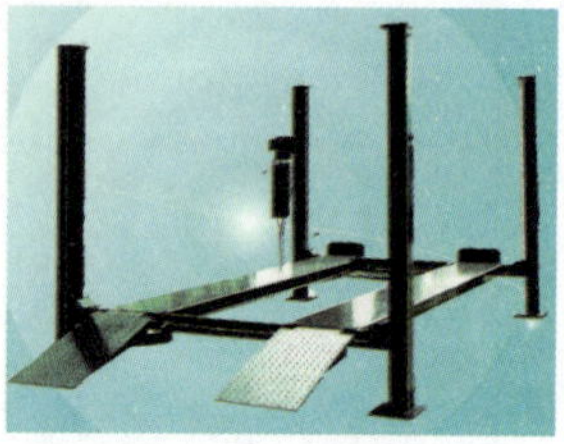

图 1-3-6　四立柱式举升机

三、举升机的结构

1. 剪式举升机的结构（如图 1–3–7 所示以戴卡汽车举升机为例）

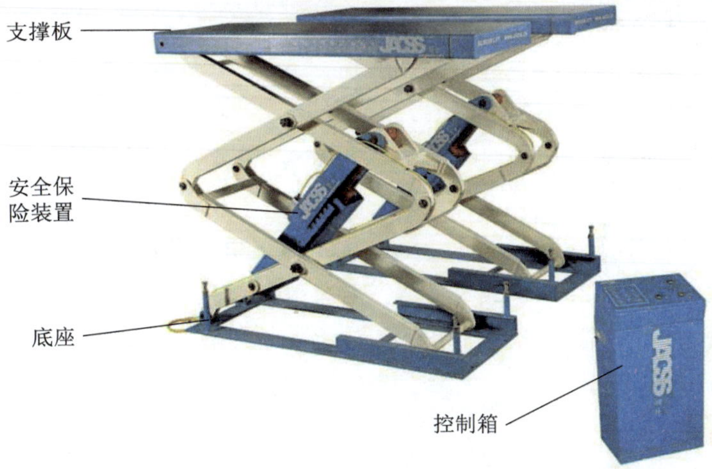

图 1-3-7　剪刀式举升机的结构

2. 立柱式举升机的结构（如图 1–3–8 所示以菏泽双柱举升机为例）

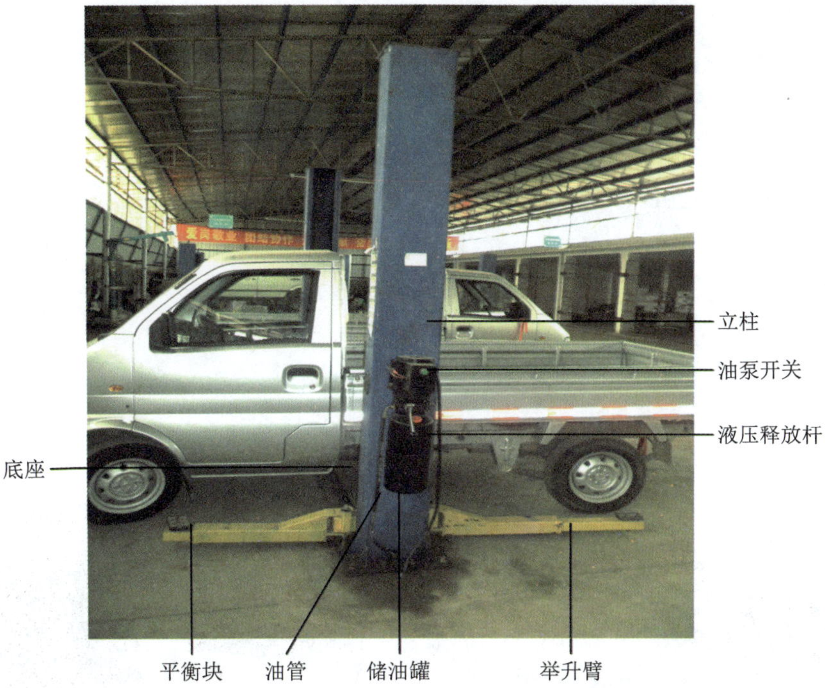

图 1-3-8　二立柱式举升机的结构

四、操作举升机应注意的事项

（1）升降车辆时人员应离开车辆，操作人员要发出“升车请注意”“降车请注意”的警示。

(2) 车辆举升到所需高度后，必须按下自锁安全保险按钮，锁止举升机，并确保安全可靠后才可开始车底作业。

(3) 除车辆维护及小修项目外，其他烦琐笨重的作业，不得在举升机上操作。

(4) 举升机不得频繁升降。

(5) 升车时举升要平稳，降车时下降要缓慢。

(6) 有人在汽车内、外作业时严禁升、降举升机。

(7) 发现操作机构不灵、电动机不同步、托架不平或液压部分漏油，应及时报修，不得带故障操作举升机。

(8) 车辆维护或检修作业完成后应清除杂物，清扫举升机周围场地以保持场地整洁。

(9) 定期（半年）排除举升机油缸积水，并检查油量，油量不足应及时加注相同牌号的压力油，同时应检查、润滑举升机传动齿轮及链条。

任务实施

一、准备工作

(1) 汽车两辆。

(2) 各种常用工具、工具车。

二、操作步骤

1. 二立柱液压式举升机的操作步骤

1) 操作前的准备

(1) 清除举升机周围妨碍作业的器具及杂物。

(2) 检查安全部件。

①检查举升臂锁止螺栓能否牢固锁止举升臂（图 1–3–9）。

②检查平衡块是否损坏（图 1–3–9）。

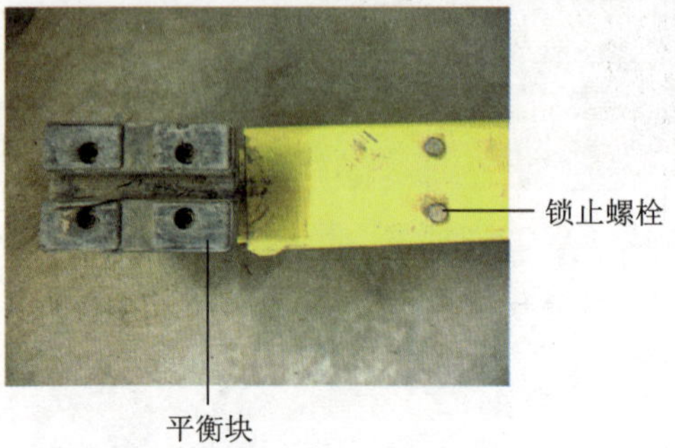

图 1-3-9　检查平衡块、锁止螺栓

图 1-3-10　检查油泵电源开关

③检查两侧立柱紧固螺栓是否松动，立柱是否倾斜。

④检查液压油管、储油罐是否泄漏。

⑤检查油泵电缆绝缘胶是否损坏。

2）举升机空载试验

(1) 按下油泵电源开关按钮，检查开关能否正常使用（图 1–3–10）。

(2) 检查机械安全保险装置能否发出“喀嗒、喀嗒”的撞击声。

(3) 检查两侧举升臂是否同步平稳上升；按下液压释放杆（图 1–3–11），检查安全装置能否牢固锁止举升臂。

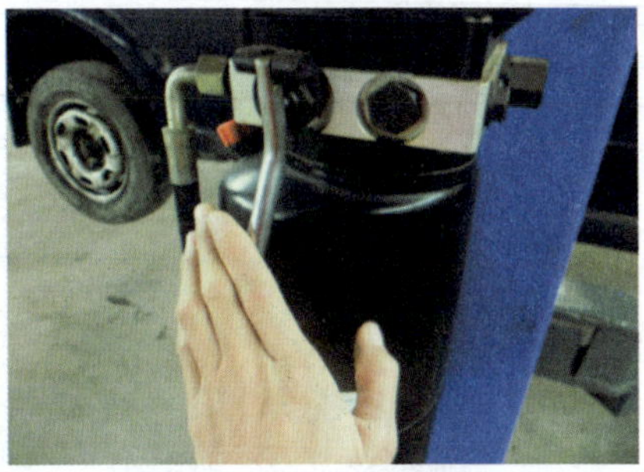

图 1-3-11　液压释放杆

3）举升车辆

(1) 摆直两侧前后举升臂，把待升车辆驶入举升机中间并调整合适举升重心。

(2) 初步调整前后平衡块高度，使其前后、左右基本保持平衡。

(3) 把举升臂推入车底，找到合适的举升点（离前、后轮 20~35cm 车身底部凸沿或前、后横梁），调整前后平衡块高度，平衡块定位槽对好凸沿。

(4) 按下电源开关，升起举升臂，平衡块恰好顶到车辆时，检查平衡块定位槽是否套入举升点凸沿，没有套入的降下举升臂进行微调。

(5) 按下电源开关，将车辆升起大约 1m 的高度后，到车辆前部检查车身有无倾斜。

(6) 将车辆举升到合适高度后，松开电源开关，并按下液压释放杆，释放安全锁止装置。

4）降下车辆

(1) 按下电源开关，将车辆升起少许后，快速拉、放安全装置释放钢索，释放安全锁止装置。

(2) 按下液压释放杆，将车辆缓慢降下，车辆完全平稳地落地后松开液压释放杆。

5）驶出车辆

把举升臂拉出摆直并将车辆驶离工位。

2. 剪刀式举升机的操作步骤

1）操作前的准备

(1) 清除障碍物。

清除举升机附近妨碍作业的器具及杂物。

(2) 检查安全部件。

①检查自锁安全保险是否有损坏、移位现象，如图 1–3–12 所示。

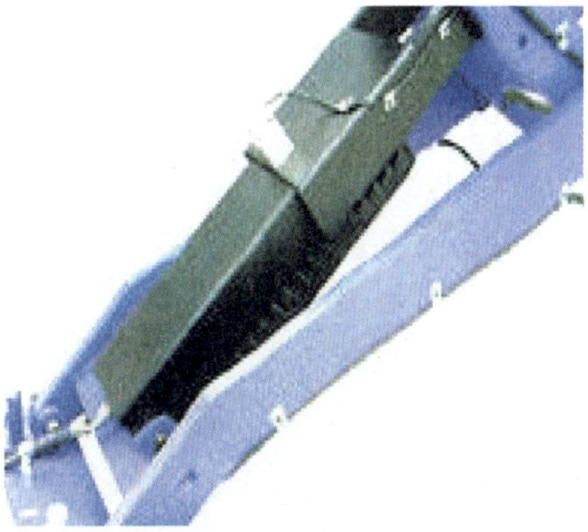

图 1-3-12　检测自锁安全保险

②检查电缆绝缘胶是否破损，支撑块是否损坏。

③将待举升车辆驶入举升机支撑板，使车辆重心

位于举升机中心。

④安放并调整支撑块到车辆规定的举升点，如图 1–3–13。

2）升、降车辆

(1) 接通电源，按下举升机控制箱大（升）控制按钮（图 1–3–14），升起举升机，直到支撑块顶到车辆规定的举升点时松开按钮，检查并微调支撑块位置。

图 1-3-13　安放支撑块

图 1-3-14　控制箱控制按钮

(2) 按下大控制按钮，将车辆举升到 1m 左右高度时松开大控制按钮，并按下大（锁）控制按钮，然后双手摇晃几下车身，检查车辆是否支撑平稳。

(3) 按下大控制按钮继续举升车辆，至合适高度后，再次按下大（锁）控制按钮，锁止举升机。

(4) 车辆维护或检修完毕，按下 DOWN（降）控制按钮降下车辆，直至车辆平稳停靠地面。

(5) 移走支撑块，并把车辆驶离举升工位。

任务检验

任务结束后，完成以下项目工作页。

<table>
<tr><td>班级</td><td>姓名</td><td>项目名称</td><td>完成日期</td><td>成绩</td><td>自我评价</td></tr>
<tr><td></td><td></td><td></td><td></td><td></td><td rowspan="4"></td></tr>
<tr><td>项　目</td><td colspan="4">内容</td></tr>
<tr><td>举升机
的认识</td><td colspan="4">看图写出举升机类别名称：
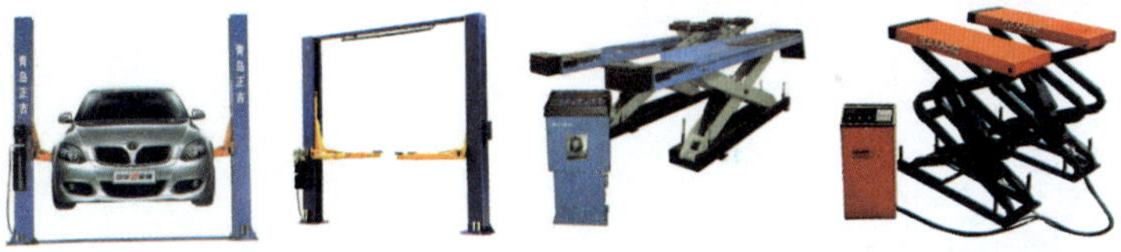</td></tr>
<tr><td>举升机
的使用</td><td colspan="4">写出举升机的使用步骤：</td></tr>
</table>

项目小结

1. 汽车维护常用工具包括钳子、起子、扳手，在使用过程中，要按照操作规范正确使用工具。

2. 汽车维护常用量具具包括轮胎气压表、电解液相对密度计、万用表、轮胎胎纹深度规、百分表等，在使用过程中要按照操作规范正确使用量具。

3. 举升机有立柱式举升机、龙门式举升机、剪式举升机几种，在使用举升机前应对举升机部件进行安全检查，使用过程中要按举升机的操作规程正确使用举升机。

思考与练习

一、填空题

1. 汽车维护常用工具主要有__________、__________、__________几种。

2. 汽车维护常用量具主要有__________、__________、__________、__________、__________等几种。

3. 举升机有__________、__________、__________几种。

二、简答题

1. 使用工具应注意哪些事项?

2. 使用量具有哪些注意事项?

3. 使用举升机时有哪些安全注意事项?

项目二　汽车油液使用技术

任务一　发动机机油

任务导入

一辆比亚迪F6轿车进4S店进行首保，车主顺便向技术人员咨询发动机机油的使用知识。要清楚解释车主咨询的问题，技术人员必须具备发动机机油的功用、分类、选用等相关知识。

知识储备

一、机油的作用

（1）润滑发动机运动件摩擦表面。

（2）清洗发动机运动件摩擦表面。

（3）冷却发动机运动件。

（4）加强气缸的密封性。

（5）防止机件生锈。

二、机油的分类

参照美国石油学会（API）和美国汽车工程师学会（SAE）对机油牌号的分类标准，我国把机油分为低温用油、高温用油、多级机油3类。

低温用油：0W、5W、10W、20W、30W、40W、50W、60W。

高温用油：20、30、40、50、60。

多级机油：5W/30、10W/40、15W/40、20W/40、20W/20等。

提示：带“W”的为冬季用机油，无“W”的为夏季用机油，多级机油冬夏通用。

（1）汽油机机油有SA、SB、SC、SD、SE、SF、SG、SH、SL等几个级，如图2-1-1～2-1-3所示，越往后等级越高，等级越高油品品质就越好。

图 2-1-1 SF 15W-40 机油

图 2-1-2 SM 5W-20 机油

图 2-1-3 SAE 5W-30 机油

（2）柴油机机油有 C C、C D、C D – Ⅱ、C E、C F – 4 等几个级，越往后等级越高，等级越高油品品质就越好。

提示：

（1）汽油机机油 SD 级以上是国产高级车用机油。

（2）标有 SE/CC 字母的机油则为汽油机、柴油机两用机油。

三、机油的选用

1. 选用机油的重要性

机油相当于发动机的血液，选用是否正确直接影响发动机的工作性能和使用寿命。

2. 选用机油的原则

（1）生产年份靠后的车辆，选用等级较高的机油。

（2）有催化转换装置的车辆，按净化装置的类型选用适当级别的机油。

（3）有废气再循环装置的车辆，选用 SE 级机油。

（4）有曲轴箱强制通风装置的车辆，选用 SD 级机油。

（5）没有安装净化装置的车辆可选用 SC 级机油。

3. 选用机油应注意的事项

（1）汽油机用的机油不能在柴油机上使用。标有通用标志的通用油才能互换使用。

（2）尽量使用多级机油。多级机油可以一年四季使用，黏性好且使用时间比较长。

（3）尽量使用黏度低的机油。

（4）根据发动机需要选择适用的机油。

（5）应定期更换机油。新车磨合期一般 1000km 更换一次，磨合期过后 5000km（或 6 个月）更换一次。

任务实施

一、准备工作

准备不同黏度及等级的机油数瓶。

二、机油油质检查的操作步骤

（1）抽出油尺。

（2）滴一些机油在干净的玻璃上。

（3）观察玻璃上机油的油色，或用手搓机油。

油色清澈：表示机油污染很轻。多级机油加有添加剂会较快变黑，这是正常现象。

机油呈雾状：表示机油已被冷却液污染。

机油呈灰白色：表示机油已被燃油污染。

机油明显出现分层且上层油色变淡：表示添加剂失效。

搓手时明显感觉有颗粒状东西：表示机油中有较多的杂质。

任务检验

任务结束后，完成以下项目工作页。

<table>
<tr><td>班级</td><td>姓名</td><td>项目名称</td><td>完成日期</td><td>成绩</td><td>自我评价</td></tr>
<tr><td></td><td></td><td></td><td></td><td></td><td rowspan="8"></td></tr>
<tr><td>项 目</td><td colspan="4">内容</td></tr>
<tr><td rowspan="5">机油的认识与选用</td><td colspan="4">1. 机油有哪些作用?</td></tr>
<tr><td colspan="4">2. 右图所示机油是什么类型的机油?“W”前、后的数字代表什么意思?

</td></tr>
<tr><td colspan="4">3. 标有 SE/CC 字母的机油是什么类型的机油?</td></tr>
<tr><td colspan="4">4. 选用机油有哪些注意事项?</td></tr>
<tr><td colspan="4">5. 怎样判别机油品质?</td></tr>
</table>

任务二　齿轮油

任务导入

一辆捷达轿车进4S店更换齿轮油，车主向技术人员咨询齿轮油使用知识。技术人员要解释清楚该问题，必须熟悉齿轮油功用、分类、油品鉴别等相关知识。

知识储备

一、齿轮油的作用

齿轮油用于手动变速器、主减速器和转向器中齿轮传动的润滑，可减少摩擦，降低磨损，冷却部件，缓和振动及冲击，防止锈蚀与清洗摩擦件。（见图2-2-1）

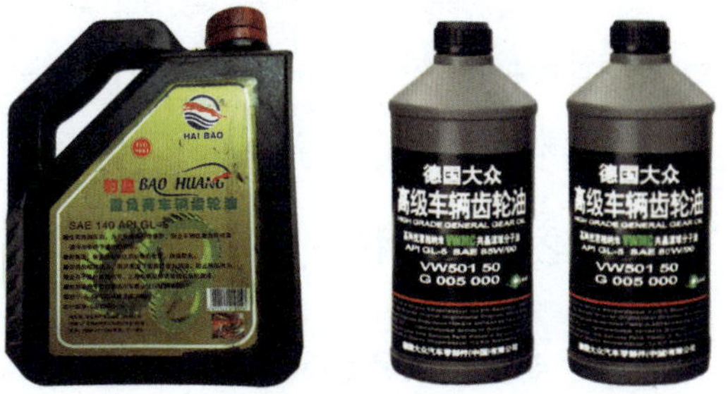

图2-2-1　齿轮油

二、齿轮油的分类

1. 国外手动变速器用齿轮油的分类

1）按美国工程师学会分类

按美国工程师学会分类，齿轮油分为季节用齿轮油和多级齿轮油。

（1）季节用齿轮油有75W、80W、85W、90W、140、250这6个黏度等级。带“W”字母的为冬季用齿轮油，不带“W”的为夏季用齿轮油。

（2）多级齿轮油，如80W/90、85W/90等。

2）按美国石油学会标准及工作条件（齿轮面压力和油温高低）

按美国石油学会标准及工作条件苛刻程度分类，齿轮油分为GL-1、GL-2、GL-3、GL-4、GL-5、GL-6这6个等级。

2. 国内手动变速器用齿轮油的分类

1）按黏度分类有70W、75W、80W、85W、90W、140、250几个黏度等级。

2）按使用性能分类见表2-2-1。

表 2-2-1　手动变速器用齿轮油的分类

中国汽车用齿轮油	美国石油学会分类号
普通车辆齿轮油	GL-3
中负荷车辆齿轮油	GL-4
重负荷车辆齿轮油	GL-5

3. 自动变速器油的分类

自动变速器油又称液力传动油，专门用于自动变速器（AT）和无级变速器（CVT）。

1）按美国 PTF 分类法分为 PTF-1、PTF-2、PTF-3 等几种。

2）国内分类。按 100℃运动黏度分为 6 号变速器油、8 号变速器油两种。国外、国内自动变速器油的对应关系：PTF-1—8 号，PTF-2—6 号（目前国内汽车的动力转向液大部分选用液力传动油）。

三、齿轮油的选用

1. 手动变速器用齿轮油的选用原则

（1）按车辆使用说明书规定选用。

（2）根据当地季节及气温条件选用。

75W 适用 -40℃地区，80W 适用 -30℃地区，85W 适用 -20℃地区，90 号适用 -10℃地区，140 号适用 10℃地区，250 号适用 20℃地区。

（3）根据齿轮的类型及工况选用。

①工作条件缓和的螺旋锥形齿轮主减速器、变速器，用 GL—3 普通车用齿轮油。

a. 对应黏度等级为 90 的，温度在 -10℃以上地区全年可用。

b. 对应黏度等级为 80W/90 的，温度在 -30°以上地区全年可用。

c. 对应黏度等级为 85W/90 的，温度在 -20℃以上地区全年可用。

②准双曲面齿轮主减速器（如 EQ1090）或要求用 GL-4 的汽车，用 GL-4 中负荷车用齿轮油。

a. 对应黏度等级为 90 的，温度在 -30℃以上地区全年可用。

b. 对应黏度等级为 85W/90 的，温度在 -20℃以上地区全年可用。

③工作条件苛刻的准双曲面齿轮主减速器（进口汽车或进口汽车），用 GL—5 重负荷车用齿轮油。

a. 对应黏度等级为 90 的，温度在 -10℃以上地区全年可用。

b. 对应黏度等级为 85W/90 的，温度在 -20℃以上地区全年可用。

2. 自动变速器油的选用原则

（1）按车辆使用说明书的相关规定选用合适的品种见表 2–2–2。

表 2-2-2 自动变速器油的选用

国外分类	国内分类	适用车型
PTF–1	8 号	汽车、轻型货车
PTF–2	6 号	越野车、货车
PTF–3		（农业、工程机械）

进口汽车一般使用 GMA 型、A–A 型、DEXRON 型自动变速器油，如通用公司生产的 DEXRON、DEXRON Ⅰ、DEXRON Ⅱ 自动变速器油和福特公司生产的 E、F 型自动变速器油。

提示：不同公司生产的自动变速器油不能混合使用，也不能错用，否则会出现不好换挡、换挡冲击或离合与变速器突然啮合现象。

（2）按黏度选用。

6 号液力传动油：适用于重型货车、载货汽车的液力变矩器（含工程机械传动系统）。

8 号液力传动油：适用于汽车、轻型客车的自动变速器。

四、选用齿轮油的注意事项

（1）要分清齿轮油的种类及使用级别。种类及使用级别不同，齿轮油的抗压性、黏度也不同。

啮合齿轮挤压力大的重负荷汽车齿轮用普通齿轮油，会使润滑油膜受破坏而造成润滑不良，加速齿轮的磨损，啮合齿轮挤压力小的中、小负荷汽车齿轮用准双曲面重负荷齿轮油，会因为齿轮油中的防腐剂较多出现腐蚀性磨损而造成不必要的损失。

（2）避免盲目使用黏度级别高的齿轮油。

并不是黏度级别越高，润滑性就越好。若选用的齿轮油黏度级别过高，油的流动性会下降，造成齿轮润滑不良，对高速车辆影响更大，因此应尽量选择多级齿轮油。

（3）不能将机油与齿轮油互换使用，两者黏度级别、所加添加剂不同。若将机油注入齿轮箱，会造成齿轮润滑不良而加快磨损；若将齿轮油加入发动机，会发生黏缸、抱瓦等机械故障。

（4）严禁用注入机油、汽油、柴油等方法对齿轮油进行稀释，以免破坏油质。

（5）应定期检查、更换齿轮油：车辆每行驶 10000km 检查一次油位，不足的应及时添加；每行驶 30000~45000km 换油一次。

任务实施

一、准备工作

(1) 准备不同黏度及等级的齿轮油数瓶。

(2) 丰田卡罗拉汽车、五菱之光汽车各一辆。

二、齿轮油油质检查的操作步骤

1. 检查手动变速器齿轮油油品

(1) 拉出油尺或用手指捻少许齿轮油。

(2) 在干净的玻璃上滴数滴齿轮油。

(3) 观察玻璃上齿轮油油色，或用手捻搓齿轮油，检查油中有无颗粒。

呈褐色或黑色并有焦味：未定期换油使油质变坏，应换油及滤清器。

有银白色金属颗粒：齿轮严重磨损，应换油及齿轮。

油尺粘有胶状物：油已氧化，应换油及滤清器。

正常手动变速器齿轮油的油质：呈棕色，纯净，无气泡，无颗粒沉淀。

2. 检查自动变速器齿轮油油品

(1) 拉出油尺或用手指捻少许齿轮油。

(2) 在干净的玻璃上滴数滴齿轮油。

(3) 观察玻璃上齿轮油油色，或用手捻搓齿轮油，检查油中有无颗粒。

呈褐色或黑色并有焦味：未定期换油使油质变坏，应换齿轮油及滤清器。

呈乳白色：变速器的冷却器密封性不好，使冷却液渗入变速器，应换齿轮油及滤清器。

有银白色金属颗粒：齿轮严重磨损，应换油及齿轮。

有气泡：高压油路漏气使空气渗入，应换油及检修。

油尺粘有胶状物：油已氧化，应换齿轮油和滤清器。

正常的自动变速器齿轮油油质：呈红色或粉红色，纯净，无气泡，无颗粒沉淀。

任务检验

任务结束后，完成以下项目工作页。

<table>
<tr><td>班级</td><td>姓名</td><td>项目名称</td><td>完成日期</td><td>成绩</td><td>自我评价</td></tr>
<tr><td></td><td></td><td></td><td></td><td></td><td rowspan="6"></td></tr>
<tr><td>项　目</td><td colspan="4">内容</td></tr>
<tr><td rowspan="2">齿轮油的认识</td><td colspan="4">1. 看图写出齿轮油使用车型类别

</td></tr>
<tr><td colspan="4">2. 标号 85W 的齿轮油是什么类型的齿轮油?</td></tr>
<tr><td rowspan="2">齿轮油的选用</td><td colspan="4">3. 85W/90 是什么类型的齿轮油?</td></tr>
<tr><td colspan="4">怎样判别齿轮油油品质量?</td></tr>
</table>

任务三　制动液

任务导入

一辆雪铁龙轿车进 4S 店进行二级保养，技术员检查后发现制动液浑浊，需要更换，车主从行李箱取出一瓶制动液要求使用该制动液。技术员发现车主提供的制动液已经开封过，就从制动液的功用、类型、制动液的选用及使用注意事项向车主进行说明，指出车主开封过的制动液不能使用。

知识储备

一、制动液的作用

制动液在制动系统中用来传递制动压力，制止车轮转动。

二、制动液的种类

1. 国外制动液的种类

国外制动液的种类分为 DOT–3 、DOT–4 、DOT–5 等几种（DOT 是美国交通部的英文缩写）。数字越大，制动液的级别就越高，如图 2–3–1~ 图 2–3–3 所示。

图 2-3-1　DOT-3 制动液

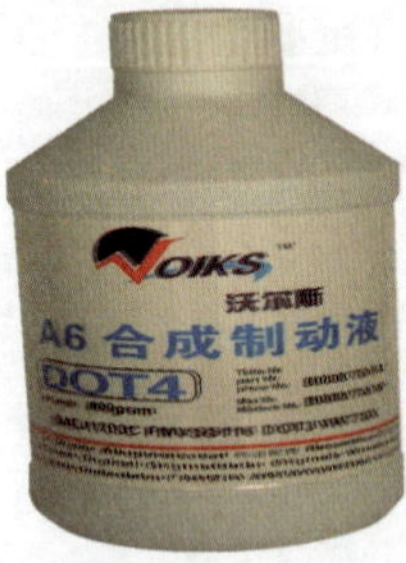

图 2-3-2　DOT- 4 制动液

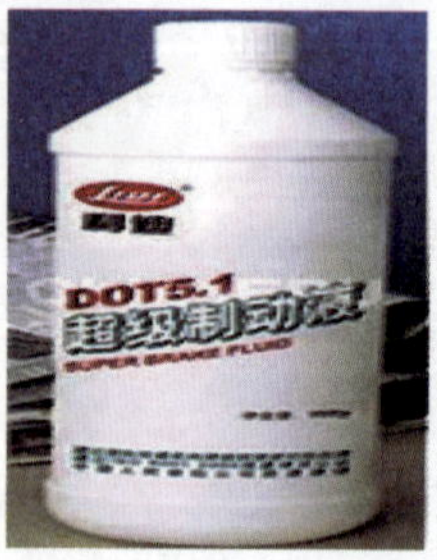

图 2-3-3　DOT-5 制动液

2. 国产制动液的种类

（1）根据回流平衡沸点不同分为 JG0、JG1、JG2、JG3、JG4、JG5 这 6 个等级。数字越大，沸点越高，高温抗气阻性就越好，制动时安全性就越高。

（2）根据原料不同分为醇型、矿油型、合成型 3 个品种。

醇型制动液的特点：抗阻性、流动性较差，已停止使用。

矿油型制动液的特点：润滑性良好，无腐蚀性，对天然橡胶有膨胀作用。

合成型制动液的特点：吸湿性强，用一段时间后会吸收较多的水分。

合成型制动液有 4603、4603–1、4604 等几种，如图 2–3–4 所示。货车制动系统使用牌号为 4603、4603–1 的制动液；高级汽车及各类汽车制动系统常用牌号为 4604 的制动液。

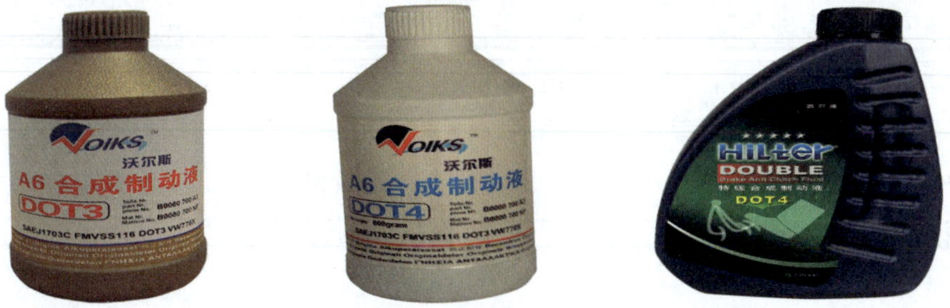

图 2-3-4　合成型制动液

提示：制动液中有水分会使沸点降低，容易沸腾产生气泡，降低制动效果，产生安全隐患，应定期更换制动液。

三、制动液的选用

1. 选用的重要性

制动液是制动系统传递制动力的介质，其品种、品质直接影响车辆的制动效果。制动液的选用是汽车维护的一项重要工作，关系到行车的安全性，因此，必须要做好这项工作。

2. 选用的原则

尽量选用沸点高、高温气阻性好的制动液。目前比较常用的是 DOT–3、DOT–4、DOT–5 这几种制动液。数字越大，沸点越高，制动液就越能耐高温。部分车型推荐使用的制动液型号及更换周期见表 2–3–1。

表 2-3-1　部分车型推荐使用的制动液型号及更换周期

车型	更换周期	推荐型号
别克凯越	30000km/18 个月（先到为准）	DOT–3
大众帕萨特	24 个月	DOT–4
大众桑塔纳	50000km/24 个月	DOT–4
丰田卡罗拉	40000km/24 个月	DOT–5

四、选用制动液的注意事项

（1）应保持制动液的清洁。在更换制动液时，应对制动液进行过滤，防止杂质进入制动系统。

(2) 已开封但又长时间不用的制动液不能再使用。

(3) 制动液不能混合使用。存放时间不同、品质不同的制动液，混合使用会使制动液出现分层，影响制动效果，甚至失效。

(4)制动液底部出现沉淀后，不应再使用。制动液有沉淀，说明制动液进入杂质或已变质。

(5) 制动液应密封存放，否则会使制动液吸入水分，影响制动效果。

(6) 定期更换制动液。应参照车辆使用说明书对制动液定期进行更换，并清洗制动系统。

(7) 使用矿油型制动液前，应把制动系统普通橡胶件换成耐油型橡胶件，防止制动液的膨胀作用损坏橡胶件，使系统密封不严吸入空气，影响制动效果

任务实施

一、准备工作

(1) 准备不同黏度及等级的制动液数瓶。

(2) 丰田卡罗拉汽车、五菱之光汽车各一辆。

二、制动液油质检查的操作步骤

(1) 用吸管吸少许制动液。

(2) 把制动液放在一个干净的白色碟子内，如图 2-3-5 所示。

(3) 观察碟子内的制动液油色，或用手捻搓制动液，检查油中有无颗粒。制动液呈淡黄色或无色，纯净，无颗粒沉淀，表示制动液正常。若制动液已变色或有杂质、沉淀物，说明制动液品质变差，应更换。

图 2-3-5 检查制动液品质

任务检验

任务结束后，完成以下项目工作页。

<table>
<tr><td>班级</td><td>姓名</td><td colspan="2">项目名称</td><td>完成日期</td><td>成绩</td><td rowspan="2">自我评价</td></tr>
<tr><td></td><td></td><td colspan="2"></td><td></td><td></td></tr>
<tr><td>工作项目</td><td colspan="5">工作内容</td><td rowspan="7"></td></tr>
<tr><td rowspan="2">制动液
的认识</td><td colspan="5">1. 制动液有什么作用?</td></tr>
<tr><td colspan="5">2. 右图是什么类型的制动液?

</td></tr>
<tr><td rowspan="3">制动液
的选用</td><td colspan="5">3. 牌号为 4603、4604 的制动液是什么类型的制动液?</td></tr>
<tr><td colspan="5">1. 选用制动液有哪些注意事项?</td></tr>
<tr><td colspan="5">2. 怎样判别制动液品质?</td></tr>
</table>

任务四　冷却液

任务导入

一辆挂广州车牌的别克轿车用拖车拖进太原市一家4S店进行检修，车辆故障是水管爆裂，车主询问技术员水管爆裂的原因。技术员向车主咨询了解到，该车一直在广州使用，最近两天才自驾自己的车到太原，由于当时是冬天，前一天晚上太原的气温在 -15° C 左右，车主到太原后没有及时更换冷却液，才出现该故障。技术员就从冷却液的类型、功用，冷却液的选择等对车主进行了解释。

知识储备

一、冷却液的作用

冷却液的作用是在发动机冷却系统中，吸收气缸及燃烧室周围的热量，使发动机工作温度保持在恒定范围。

二、冷却液的种类

1. 乙二醇 - 水型冷却液

乙二醇呈无色，微带黏性，沸点为197.4℃，冰点为 -11.5℃，与水混合后冰点明显下降。

当乙二醇含量为68%时，冰点降到 -68℃，超过该含量，冰点开始上升。乙二醇吸水性强，因此，应密封储存，以防冷却液液位上升溢出。

乙二醇沸点比水高，冷却液在使用过程中蒸发的是水，因此，在冷却液液面下降后，加入纯净水即可。冷却液使用年限一般为3~5年。

2. 酒精 - 水型冷却液

酒精的沸点是78.3℃，冰点是 -114℃，与不同比例的水混合可以得到不同冰点的冷却液。酒精含量高，冷却液冰点就低，反之，冰点就高。

冷却液中的酒精含量不能超过40%，否则容易产生酒精蒸汽着火。

酒精 - 水型冷却液冰点较低，极限为 -30℃，不宜在高寒地区使用。

3. 甘油 - 水型冷却液

该冷却液降低冰点的效率低，已很少使用。

三、冷却液的选用原则

(1) 根据环境温度选择冷却液。冷却液的冰点是冷却液的重要指标，选用时，冷却液的冰点一般要比当地冬季最低气温低 10~15℃。

(2) 根据车型选择冷却液。一般情况下，中、高档车选用长效冷却液（2~3 年），普通车冬季使用防冻液，夏季直接使用纯净软水即可。

(3) 选用无溶胀和腐蚀冷却系橡胶管、橡胶垫的冷却液。

提示：现代车用冷却液是指在防冻液基础上添加防锈剂、防垢剂、防沸剂，合成具有防结冰、防沸腾、防锈蚀与水垢的冷却介质，并非单纯用来防结冰的防冻液。过去使用的水冷却液容易使散热器形成水垢，产生锈蚀，已被现代车用冷却液取代。

四、选用冷却液的注意事项

(1) 冷却液和添加剂是有毒物质，应放置于小孩无法接触的场所。

(2) 更换散热器、缸盖、缸垫时，应更换冷却液。

(3) 发动机温度很高时，不能打开散热器盖，否则散热器内的高温冷却液会喷出伤人。

(4) 添加冷却液时，发动机应处于冷态，避免由于高温的缸体突然遇冷而破裂。

(5) 在气温较低的冬季，若遇到紧急情况加入全部纯净水，应尽快添加散热器补充液，以防结冰。

(6) 冷却液的浓度应低于 60%。

任务实施

一、准备工作

(1) 不同品牌的冷却液、防冻液数瓶。

(2) 丰田卡罗拉汽车、五菱之光汽车各一辆。

二、作业内容

给丰田卡罗拉汽车、五菱之光选择适合的冷却液。

三、操作步骤

(1) 阅读冷却液使用说明，检查待选用的冷却液是否添加防腐剂、防锈剂、防冻剂。

(2) 了解、确认近年当地最低气温，选择冰点比当地最低气温低 10~15℃的冷却液。

(3) 五菱之光汽车夏季可直接添加纯净软水，冬季可添加合格的防冻液。

(4) 丰田汽车可添加免稀释的全效丰田车专用防冻冷却液。

任务检验

任务结束后，完成以下项目工作页。

<table>
<tr><td>班级</td><td>姓名</td><td>项目名称</td><td>完成日期</td><td>成绩</td><td>自我评价</td></tr>
<tr><td></td><td></td><td></td><td></td><td></td><td rowspan="6"></td></tr>
<tr><td>项 目</td><td colspan="4">内容</td></tr>
<tr><td rowspan="4">冷却液的认识与选用</td><td colspan="4">1. 冷却液有什么作用？</td></tr>
<tr><td colspan="4">2. 现代车用冷却液与防冻液有什么区别？</td></tr>
<tr><td colspan="4">3. 如何理解下面两种防冻液。

长效防冻液

全效防冻液</td></tr>
<tr><td colspan="4">4. 选用冷却液有哪些注意事项？</td></tr>
</table>

项目小结

1. 发动机机油有润滑、清洁、冷却、防锈、密封作用。按美国汽车工程师学会机油牌号的分类标准，我国把机油分为低温用油、高温用油、多级机油等三类。

2. 汽油机机油有 S A 、S B 、SC、SD、SE、SF、SG、SH、S L 等几个级，越往后等级越高，等级越高油品品质就越好。

3. 柴油机机油有 C C 、C D 、C D－Ⅱ、C E 、C F－4 等几个级，越往后等级越高，等级越高油品品质就越好。

4. 齿轮油用于手动变速器、主减速器和转向器中齿轮传动的润滑，减少摩擦、降低磨损、冷却部件，缓和振动及冲击、防止锈蚀与清洗摩擦件。

5. 按美国石油学会标准手动变速器齿轮油分 GL—1、GL—2、GL—3、GL—4、GL—5、GL—6 六个等级。普通汽车手动变速器选用 GL-3 型齿轮油。

6. 按美国 PTF 分类法自动变速器油分为 PTF-1 ，PTF-2 ，PTF-3 几种。轿车自动变速器选用 PTF-1 型变速器油。

7. 制动液在制动系统中用来传递制动压力制止车轮转动。制动液有 DOT-3 、DOT-4 、DOT-5 几种，数字越大制动液的级别就越高，制动液就越能耐高温。

8. 开封且存放时间较长的制动液容易吸入水分不宜再使用，否则影响制动效果。

9. 冷却液在发动机冷却系统中，吸收气缸及燃烧室周围的热量，使发动机工作温度保持在恒定范围。

10. 冷却液冰点是冷却液重要的指标，选用时，冷却液的冰点一般要比当地冬季最低气温低 10~15° C。中、高档车选用长效冷却液（2~3 年），普通车冬季使用防冻液，夏季直接使用纯净软水即可。

思考与练习

1. 简述机油选用原则与选用注意事项
2. 简述手动变速器油选用原则
3. 简述自动变速器油选用原则
4. 简述制动液选用原则和选用注意事项
5. 简述冷却液选用原则

项目三 汽车日常维护及磨合期维护

车辆的日常维护主要包括清洁、补给、安全检视，是其它维护作业的基础。

汽车出厂或大修后，初级使用阶段为汽车的磨合期，在这段时间对车辆进行的维护作业称为磨合期维护。新车的磨合期一般为 1000~2500km。新车的正确磨合，对延长车辆的使用寿命及提高车辆工作的可靠性、经济性，降低排放污染有极大的影响。磨合期的维护一般分为磨合前期、磨合中期、磨合后期 3 个阶段进行。

任务一 汽车日常维护

任务导入

一位车主开一辆新雪铁龙爱丽舍轿车进 4S 店咨询日常维护知识，并要求技术员做一下操作演示。如果你是技术员，你将如何对车主进行解说和演示呢？

知识储备

一、日常维护的目的

日常维护的目的是使汽车保持正常的技术状况。

二、作业内容

1. 出车前的维护

（1）清洗车辆。

（2）检查发动机舱五液液位。

（3）检查风窗玻璃升降器和后视镜调节装置。

（4）检查车灯、喇叭、转向盘、座椅及安全带。

（5）检查制动器、离合器踏板行程和工作状况。

（6）检查仪表显示状况。

（7）检查车辆“三漏”情况。

（8）检查车轮技术状况。

2. 行车中的检查

(1) 检查仪表显示状况。
(2) 检查底盘部件紧固情况。
(3) 停车检查全车有无“三漏”现象。

3. 收车后的维护

(1) 清洁车辆内部。
(2) 检查、紧固螺栓、螺母。
(3) 检查、补充发动机舱油、液。
(4) 检查全车有无“三漏”现象。
(5) 检查轮胎技术状况。

任务实施

一、准备工作

(1) 比亚迪汽车、五菱汽车各一辆。
(2) 世达组合工具一套，扭矩扳手一把，直尺一把，抹布数块。
(3) 拉满驻车制动杆行程。
(4) 变速杆手柄置于 P 位。

二、操作步骤

1. 出车前的检查维护

1) 清洁车辆
要求车容整洁，发动机及车身电路无冲洗弄湿现象。
2) 检查车轮
(1) 检查轮胎气压。要求胎压符合标准值（标准参数标注在轮胎侧面）。
(2) 检查、紧固车轮螺母、螺栓。
要求螺母、螺栓紧固正常，扭矩符合《维修手册》的规定。
(3) 检查轮胎沟槽有无嵌入物、裂纹、鼓泡及异常磨损。要求无嵌入物、无裂纹、无鼓泡及无异常磨损。
3) 检查车门螺母、螺栓、铰链
要求开、闭车门无阻滞、无异响，螺栓、螺母紧固正常。
4) 检查发动机舱油液液位
(1) 检查机油液位。要求油位在油尺 L 与 F 刻度线之间，最好在刻度线中间偏上位置。

（2）检查冷却液液位。要求液位在储液罐 max 与 min 刻度线之间，最好在刻度线中间偏上位置。

（3）检查清洗液液位。要求液位在储液罐 max 与 min 刻度线之间，最好可以加满储液罐。

（4）检查制动液液位。要求液位在储液罐 max 与 min 刻度线之间，最好在中间偏上位置。

（5）检查电解液液位。要求液位在单格 max 与 min 刻度线之间，最好在中间偏上位置。

5）检查风窗玻璃升降器、后视镜调节装置。

要求各装置齐全有效。

6）检查车灯、喇叭、转向盘

（1）检查前部车灯、后部车灯、车内灯。要求打开车灯开关后，各车灯正常有效；打开点火开关，仪表警告灯正常点亮，起动发动机，仪表警告灯熄灭。

（2）检查喇叭、转向盘。要求喇叭声音响亮、连续；转向盘无异常松动、摇摆，自由行程符合规定值。

7）检查座椅

要求座椅螺栓、螺母紧固正常。

8）检查安全带

要求安全带无裂纹，肩带导向装置工作正常，跨带带扣、扣环锁定牢固，收缩器锁止功能正常。

9）检查制动器、离合器踏板

检查驻车制动杆行程，检查制动踏板、离合踏板自由行程。要求驻车制动杆及制动踏板、离合踏板自由行程符合《维修手册》的规定。

10）检查车辆燃油油量

油表指针应指在红色警戒线以外。

11）检查车辆是否漏油、漏水、漏电

（1）起动发动机检查发动机舱是否有机油、冷却液、制动液等油液泄漏，电路是否漏电。

（2）检查车辆底部是否有制动液、燃油、变速器油等油液泄漏。

（3）要求发动机舱及底盘无“三漏”现象。

2. 行车中的检查

（1）检查仪表各种警告灯、指示灯是否正常点亮，燃油表、水温表、车速表等是否正常工作。要求警告灯、指示灯、燃油表、水温表、车速表正常有效。

（2）仔细倾听发动机及车辆各运动件、紧固件是否有异响。要求运动件、紧固件无异响。

（3）停车检查车轮紧固螺栓、螺母及各种外露螺栓、螺母是否有松动。要求紧固件外露螺栓、螺母紧固正常。

（4）停车检查。检查发动机舱的机油、冷却液、制动液等是否泄漏，电路是否漏电；车辆底部是否有制动液、燃油、变速器油等油液泄漏。要求发动机舱及底盘无油液泄漏、电路漏电现象。

3. 收车后的检查

1）清洁车辆内部

用软布蘸少许中性洗洁剂，清洗仪表台、座椅、转向盘等部位后再用干软布擦干净。要求车厢内部车容整洁。

2）检查紧固螺栓、螺母

检查车轮、发动机等部件各种外露螺栓、螺母是否松动。要求各种外露螺栓、螺母紧固正常。

3）检查、补充发动机油、液

检查发动机舱各油液液位、燃油油量，不足的应及时添加。北方冬季未加防冻液的车辆应及时放掉冷却系统中的冷却液，以防冻结。

要求发动机舱油液液位在油尺或储液罐规定液位线之间，燃油油表指针在指示警示线以外。

4）检查全车有无“三漏”现象

检查发动机舱、汽车底部有无油液渗漏、电路漏电现象。要求发动机舱、汽车底部无油液渗漏、电路漏电现象。

5）检查轮胎技术状况（图 3-1-1）

图 3-1-1　检查轮胎技术状况

检查轮胎气压是否充足，轮胎胎槽有无玻璃、石子等嵌入物。要求轮胎气压符合标准，胎槽无玻璃、石子等嵌入物。

任务检验

任务结束后，完成以下项目工作页。

班级	姓名	项目名称	完成日期	成绩	自我评价
项　目	内容				
汽车日常维护作业	1. 汽车日常维护前应做哪些准备工作?				
	2. 日常维护作业内容主要包括哪些?				
	3. 写出五液正常液位				

任务二　汽车磨合期维护

任务导入

一位车主开着刚买三个月的比亚迪轿车进 4S 店，向技术员咨询新车磨合期维护知识和操作方法，你是 4S 店技术员，你如何解说和操作呢？

知识储备

一、磨合期维护的目的

磨合期维护的目的是防止汽车出现过早损伤或机械事故，保证车辆顺利完成磨合，从而达到良好的运行速度，投入正常的运行。

二、作业内容

(1) 检查全车油液液位及油液是否渗漏并视情况更换。

(2) 清洁车身及机油滤清器、燃油滤清器、空气滤清器、蓄电池，并视情况更换。

(3) 检查、调汽车身电器、制动器及离合器踏板行程。

(4) 检查、润滑全车润滑点。

(5) 检查、紧固全车主要安全部件及外露螺母、螺栓。

任务实施

一、准备工作

(1) 拉满驻车制动杆行程。

(2) 变速杆手柄置于 P 位。

(3) 放置车轮挡块。

(4) 安装三件套及翼子板布、前格栅布。

二、操作步骤

1. 磨合前期的维护作业

(1) 清洗全车。

(2) 检查发动机运转情况，若有异响，检查原因并加以排除。

(3) 检查机油、制动液、冷却液、喷洗液、电解液、转向助力液、齿轮油的液位和品质，视情况进行添加或更换。

(4) 检查各部位油液有无渗漏现象。

(5) 检查各部件的连接及紧固情况。

(6) 检查变速器各挡是否正确接合。

(7) 检查制动器制动效果是否良好，若不良好，查明原因并加以排除。

(8) 检查车辆内外车灯及其他信号装置是否齐全有效，若无效，查明原因并加以排除。

(9) 检查转向机构各部件有无异常松动、卡滞现象。

2. 磨合中期的维护作业（行驶 500km 左右时进行）

(1) 更换机油及机油滤清器，清洗发动机润滑系统及油底壳。

(2) 检查各部位油液，有渗漏的查明原因加以排除。

(3) 按规定扭矩检查缸盖、排气管、车轮螺栓、螺母的情况，异常松动的加以紧固。

(4) 检查、调整离合器踏板自由行程。

(5) 检查制动器制动效果是否良好、制动系统各处是否渗漏，有异常的进行调整紧固。

3. 磨合后期的维护作业

(1) 检测气缸压力，清除燃烧室积炭并根据需要。

(2) 更换机油及机油滤清器。

(3) 清洗变速器、驱动桥、转向器及更换润滑油。

(4) 检查、调整制动器、离合器踏板自由行程。

(5) 按规定扭矩检查缸盖、排气管、车轮螺栓、螺母的情况，异常松动的加以紧固。

(6) 按规定扭矩检查、紧固底盘各连接部件的螺栓、螺母。

任务检验

任务结束后，完成以下项目工作页。

班级	姓名	项目名称	完成日期	成绩	自我评价
项　目	内容				
汽车磨合期维护作业	1. 汽车磨合期维护的目的是什么？				
	2. 汽车磨合期维护前应做哪些准备工作？				
	3. 磨合期维护作业内容主要包括哪些？				

项目小结

1. 汽车日常维护包括出车前的维护、行车中的维护、收车后的维护，主要检查五液液位、油液有无渗漏、安全部件工作情况。

2. 汽车磨合期维护包括磨合前期、磨合中期、磨合后期的维护，以检查五液液位、五液品质、油液有无渗漏、安全部件是否工作良好为重点。

3. 车辆日常维护和磨合期维护任务由驾驶员负责完成，车辆使用者应了解维护内容熟悉操作方法。

思考与练习

1. 为什么要对车辆进行日常维护和磨合期维护?

2. 试制作一份汽车日常维护作业工单，工单包含作业内容、工作流程。

3. 试制作一份汽车磨合期维护作业工单，工单包含作业内容、工作流程。

项目四　汽车一级维护

一级维护是指除日常维护作业以外，以清洁、润滑、紧固为作业中心内容，并检查有关制动、操作等安全部件，由维修企业负责执行的车辆维护作业。一级维护作业内容见表 4-0-1。

表 4-0-1　一级维护作业内容（见附表）

序号	作业内容	技术要求
1	检查、调整点火系统	正常工作
2	清洁空气滤清器； 清洁空气压缩机、空气滤清器； 清洁机油滤清器； 清洁燃油滤清器	滤芯应清洁无破损，上下衬垫无残缺；密封良好；滤清器应清洁，安装牢固
3	检查发动机舱油液液面	符合规定
4	检查曲轴箱通风装置、三效催化转化装置	齐全，无损坏
5	检查校紧散热器、油底壳； 检查校紧发动机前后支垫、水泵； 检查校紧空气压缩机、进排气歧管； 检查校紧输油泵、喷油泵连接螺栓	各连接部位螺栓、螺母应紧固，锁销、垫圈及胶垫应完好有效
6	检查、调整发电机、空调机传动带	符合规定
7	检查转向器液面及密封状况； 润滑万向节十字轴、横直拉杆、球头销、万向节等	符合规定
8	检查、调整离合器	操作机构应灵敏可靠； 踏板自由行程应符合规定
9	检查变速器、差速器液面及密封状况； 润滑传动轴万向节十字轴、中间承； 校紧各部连接螺栓，清洁各通气塞	符合规定
10	检查紧固制动系各制动管路； 检查调整制动踏板自由行程	管路接头应不漏气，支架螺栓紧固可靠；制动联动机构灵敏可靠，储气筒无积水，踏板自由行程符合规定
11	检查、紧固车架、车身及各附件	各部螺栓及拖钩、挂钩应紧固可靠，无裂损、无窜动、齐全有效
12	检查轮胎轮辋及压条挡圈； 检查轮胎气压（含备胎）、轮毂轴承间隙	轮辋及压条挡圈应无裂损、变形；轮胎气压应符合规定，气门嘴帽齐全；轮毂轴承间隙无明显松旷
13	检查悬架机构	无损坏、连接可靠
14	检查蓄电池	电解液液面高度应符合规定，通气孔畅通，电桩夹头清洁、牢固
15	检查车灯、仪表、信号装置	齐全有效，安装牢固
16	润滑全车润滑点	各润滑嘴安装正确，齐全有效
17	检查全车	不漏油、不漏气、不漏电，各种防尘罩齐全有效

注：技术要求栏中的“符合规定”指符合《维修手册》的有关规定。

一级维护的流程：

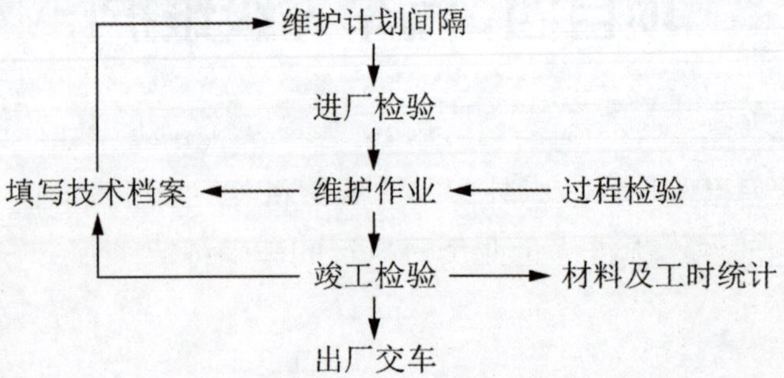

任务一　车辆的清洁

任务导入

一辆五菱微型客车进 4S 店进行一级维护，你是 4S 店的技术员，请你制定维护计划，并按计划对车辆进行清洁。

知识储备

一、清洁作业的目的

清洁作业的目的是保持车容整洁、车况良好，避免损伤，保证汽车顺利工作以提高汽车工作性能。

二、作业内容

（1）发动机舱的清洁 。

（2）空气滤清器的清洁。

（3）空调滤清器的清洁。

（4）机油滤清器的清洁。

（5）燃油滤清器的清洁。

（6）蓄电池的清洁。

（7）车身内、外的清洁。

任务实施

一、准备工作

（1）将汽车停放于平坦场地上，在前、后车轮外垫上车轮挡块。

（2）拉起发动机盖释放杆，变速杆置于 P 位。

（3）打开发动机舱盖。

（4）安装车内三件套，安放翼子板布、前格栅布。

二、操作步骤

1. 发动机舱的清洁

用高压气对发动机舱内的灰尘进行吹洗清洁，保证机舱的清洁。

2. 空气滤清器的清洁

（1）打开空气滤清器外壳，取出滤清器滤芯（图 4–1–1），使用吹尘枪从滤芯的内侧向外侧吹入压缩空气，清除滤芯的灰尘（图 4–1–2），并用抹布清洁滤清器罩。

图 4-1-1　取出滤清器滤芯

图 4-1-2　清洗滤清器滤芯

（2）检查空气滤清器滤芯上的橡胶密封层，确保其没有裂纹或其他损坏后，装上滤清器罩并锁上锁止夹。

3. 空调滤清器的清洁

打开空调滤清器外壳，取出滤清器滤芯。用压缩空气把滤芯表面的灰尘吹干净即可。

4. 机油滤清器的清洁

1）操作步骤

（1）用机油滤清器专用扳手拧松并卸下机油滤清器，倒出机油滤清器内的机油。

（2）用柴油对机油滤清器内部进行重复、多次清洗。

（3）用压缩空气将机油滤清器吹干净，并在滤清器密封圈上均匀地涂上干净的新机油后，用手把滤清器装入安装座，待密封圈刚好贴合安装座后，用专用工具拧紧 3/4 圈即可，如图 4–1–3 所示。

图 4-1-3　装机油滤清器

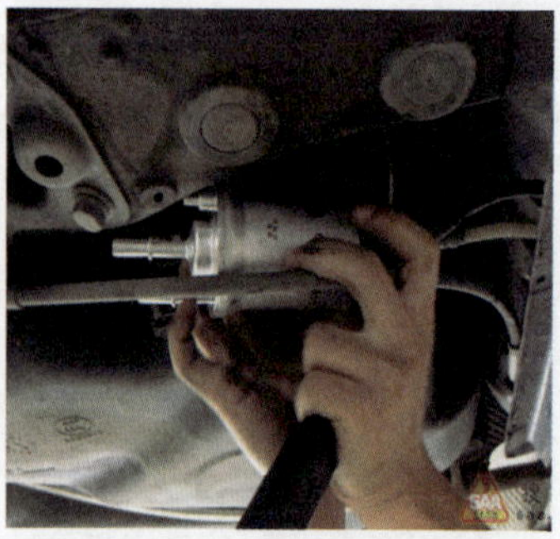

图 4-1-4　拆燃油滤清器

2）技术要求

滤清器应保持干净无渗漏。

5. 燃油滤清器的清洁

1）操作步骤

（1）选择合适工具，拆下燃油滤清器，如图 4–1–4 所示，将燃油滤清器的进出油口用手堵住，摇动燃油滤清器，倒出内部燃油，如此操作两到三次即可。

（2）用压缩空气将燃油滤清器吹洗干净并装好。

2）技术要求

拆卸燃油滤清器时，应先起动发动机，再拔下油泵保险，让发动机自行熄火，释放系统压力，以免燃油喷出伤人。

图 4-1-5　蓄电池

6. 蓄电池的清洁

1）操作步骤

（1）用抹布对蓄电池（图 4–1–5）表面进行清洁。

（2）用细砂纸对蓄电池的极柱进行清洁。

2）技术要求

蓄电池表面应整洁干净。

7. 车身内、外部的清洁（应在发动机处于熄火状态下进行）

1）操作步骤

（1）清洁车身外部

①将高压水枪调至较低压力状态，对车身进行冲洗。

②将高压水枪调至高压状态，由上至下、由前至后对车身进行冲洗，如图 4–1–6 所示。

图 4-1-6　清洁车身的流程

③喷洒洗车液，用湿海棉对车身均匀地进行涂抹。

④用干净的软布由前至后把车身擦拭干净。

(2) 清洁车身内部。

①用软布蘸少许中性洗洁剂后，对车内的仪表、仪表台、烟灰缸等部位进行擦拭。

②用半干湿的软布把清洁过的部位擦拭干净。

2) 技术要求

应保持车内、车外车容整洁。

任务检验

任务结束后，完成以下项目工作页。

班级	姓名	项目名称	完成日期	成绩	自我评价
项　目	内容				
汽车一级维护的清洁作业	1. 写出车辆清洁工作的作业内容				
	2. 写出清洁车辆的的步骤				

任务二　润滑和补给作业

任务导入

一辆五菱微型客车进4S店进行一级维护，你是4S店的技术员，请你制定维护计划，并按计划进行润滑与补给作业。

知识储备

一、润滑与补给的目的

汽车的工作环境非常恶劣，长期在此环境下工作会使汽车性能下降甚至损坏。为了使汽车工作稳定，并保证其工作的可靠，在汽车每行驶一定里程或时间后应进行润滑、检查与补给作业，以减少机件磨损，提高行车的安全性。

二、作业内容

(1) 检查、补充发动机润滑油。

(2) 检查、补充冷却液。

(3) 检查、补充制动液。

(4) 检查、补充玻璃清洗液。

(5) 检查、补充转向助力液。

(6) 检查变速器油。

(7) 检查驱动桥油。

任务实施

一、准备工作

(1) 拉起驻车制动器。

(2) 变速杆置于N或P位。

(3) 打开发动机舱盖。

(4) 安装车内三件套，安放翼子板布、前格栅布。

二、操作步骤

1. 检查、补充发动机润滑油

（1）拉出机油油尺，用干净抹布把油尺擦干净，如图 4–2–1 和图 4–2–2 所示。

图 4-2-1　拉出机油油尺

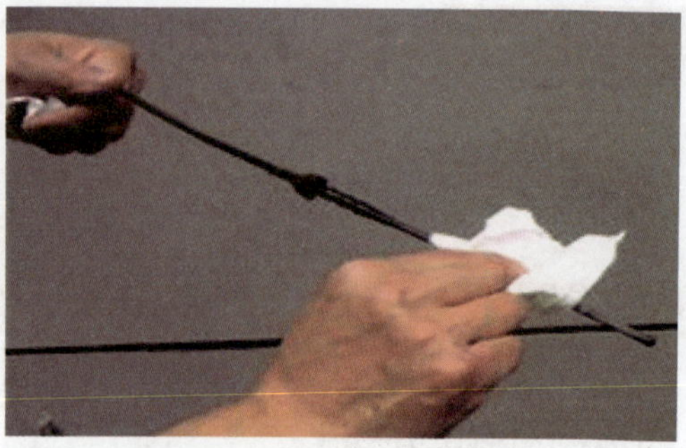
图 4-2-2　擦拭机油油尺

（2）把油尺插入发动机油尺导轨（注意要把油尺插到底）。

（3）再次拉出油尺，并使油尺与地面成大约 45°角，观察油位是否在规定刻度线 F 与 L 范围内 (图 4–2–3 和图 4–2–4)。

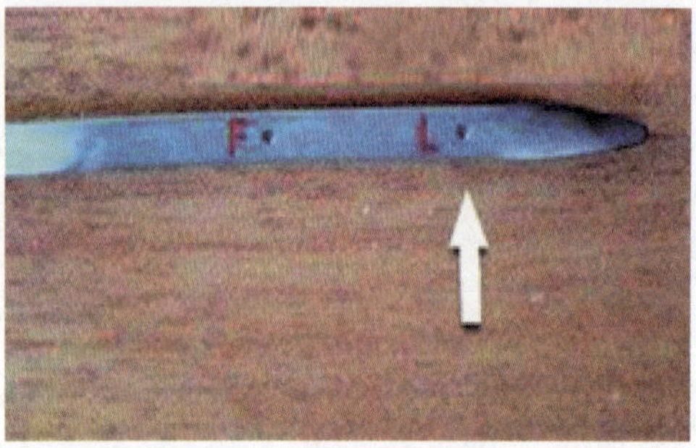

图 4-2-3　检查机油油位

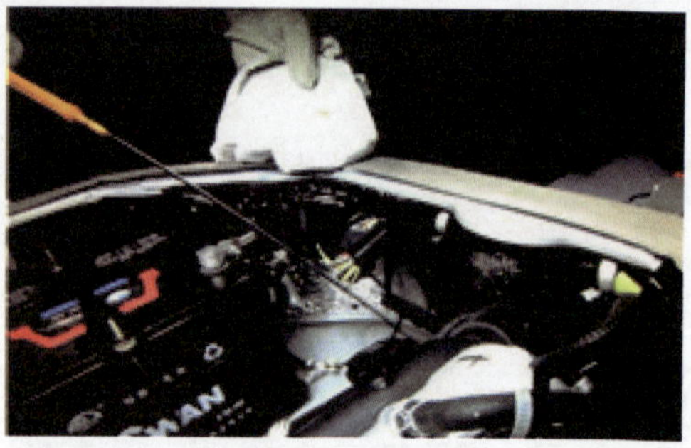
图 4-2-4　机油标准油位

2. 检查、补充冷却液

1）检查冷却液液面（图 4–2–5）

观察储液罐液位线，冷却液液面应在 max 和 min 刻度线之间，低于 min 刻度线，则应补充冷却液。如果冷却液变得污浊或充满水垢，应进行更换。

2）补充冷却液

待发动机冷却后，将散热器盖打开，添加冷却液至规定位置。

图 4-2-5　检查冷却液液位

3. 检查、补充制动液（图 4-2-6）

用手轻轻拍打制动液储液罐，观察制动液液位是否在 max 与 min 刻度线之间。不足时应及时添加。

4. 检查、补充玻璃清洗液（图 4-2-7）

打开玻璃清洗液储液罐盖子，拉出检测尺检查或观看液面，不足时应添加清洗液。

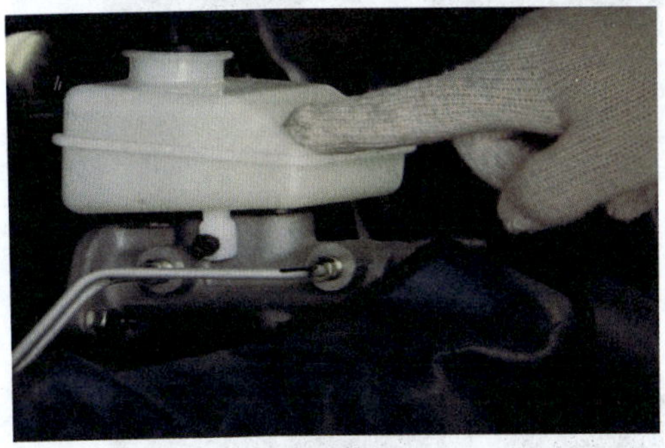

图 4-2-6　检查制动液液位

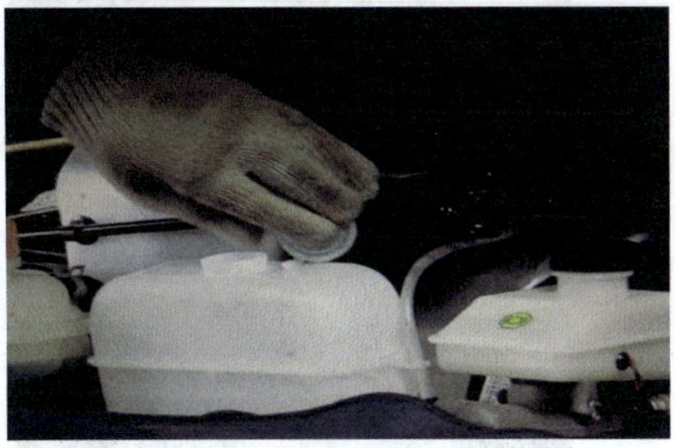

图 4-2-7　检查玻璃清洗液液位

5. 检查、补充转向助力液

1）操作步骤

（1）拧开转向器助力液罐盖子，拉出油尺检查液位是否在上下刻度线中间位置，偏低则添加至标准位置。

（2）观察转向助力油管，检查油管接口是否有泄漏现象。

2）技术要求

液位符合标准，管路无渗漏现象。

6. 检查变速器油（图 4-2-8）

1）操作步骤

（1）拧下油位检查孔螺塞，检查油位是否达到规定油位，油位应不低于孔边 15 mm（伸入手指，一节手指应碰到油面）。

（2）观察变速器壳接合部、排放塞接合面，检查有无油液渗漏现象。

2）技术要求

油位符合标准，变速器壳接合部、排放塞接合面无油液渗漏现象。

7. 检查驱动桥油（图 4-2-9）

1）操作步骤

拧下油位检查孔螺塞，检查油位是否离检查孔边 5 ~ 15 mm（伸入手指，一节手指应碰到油面，油量不足，应补充齿轮油到规定位置）。

2）技术要求

油位符合标准，变速器壳接合部、排放塞接合面无油液渗漏现象。

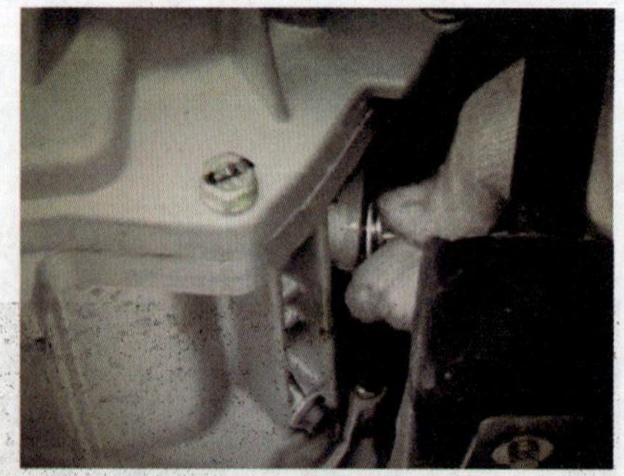

图 4-2-8　检查变速器油

图 4-2-9　检查驱动桥油

8. 检查轮胎气压（图 4-2-10）

使用气压表进行测量，气压应符合标准值。

图 4-2-10　检查轮胎气压

图 4-2-11　润滑车门铰链

9. 润滑车门（图 4-2-11）

1）操作步骤

打开车辆各车门，清洁车门铰链并在车门铰链上涂上润滑油（脂）。

2）技术要求

涂润滑油不宜过多，在涂润滑油后多次开、关车门使润滑油均匀分布。

任务检验

任务结束后，完成以下项目工作页。

<table>
<tr><td>班级</td><td>姓名</td><td>项目名称</td><td>完成日期</td><td>成绩</td><td>自我评价</td></tr>
<tr><td></td><td></td><td></td><td></td><td></td><td rowspan="4"></td></tr>
<tr><td>项　目</td><td colspan="4">内容</td></tr>
<tr><td rowspan="2">汽车一级维护的润滑与补给作业</td><td colspan="4">1. 写出润滑与补给工作的作业内容</td></tr>
<tr><td colspan="4">2. 写出清洁空气滤清器、机油滤清器的步骤</td></tr>
</table>

任务三　检查、调整、紧固作业

任务导入

一辆卡罗拉轿车进4S店进行一级维护，你是4S店的技术员，请你制定维护计划，并按计划进行检查、调整、紧固作业。

知识储备

一、检查目的

汽车行驶一定里程后，汽车各总成及零部件会松动、磨损，技术状况变差，通过检查，了解汽车安全部件的工作状况，发现和消除故障隐患，确保行车的安全性。

二、作业内容

（1）检查车灯。

（2）检查玻璃清洗器和刮水器。

（3）检查喇叭、转向盘。

（4）检查驻车制动器和行车制动器。

（5）检查车身内、外部件。

（6）检查汽车底部油液泄漏情况及螺母、螺栓紧固情况。

（7）检查发动机舱各部件。

（8）恢复清洁。

任务实施

一、准备工作

（1）拉起驻车制动器，并将变速杆置于N或P位。

（2）安装好车内三件套、车外翼子板布、前格栅布。

二、操作步骤

1. 检查车灯

1）操作步骤

（1）检查车辆前部车灯（图4-3-1）。检查示宽灯、雾灯（检查雾灯要先打开示宽灯）、远光灯、远光指示灯、近光灯、转向灯、危险警告灯是否点亮。

(2) 检查车辆后部车灯（图 4–3–2）。检查示宽灯、牌照灯、转向灯、危险警告灯、制动灯、倒车灯是否点亮（检查转向灯时，转向盘往相反方向转动，以检查转向灯开关的自动回位功能是否正常）。

图 4-3-1　车辆前部车灯

图 4-3-2　车辆后部车灯

2）技术要求

各照明灯、信号灯、指示灯、警告灯、左危险警告灯、牌照灯、示宽灯应正常有效。

2. 检查玻璃清洗器和刮水器

1）操作步骤

(1) 清洗器的检查。往后上方轻轻拉动喷洗开关，检查喷水压力、喷射位置是否正常，如图 4–3–3 所示。

(2) 刮水器的检。开关往上拨至检查各挡功能、刮拭效果、复位功能是否正常。

2）技术要求

清洗器、刮水器工作应正常有效。

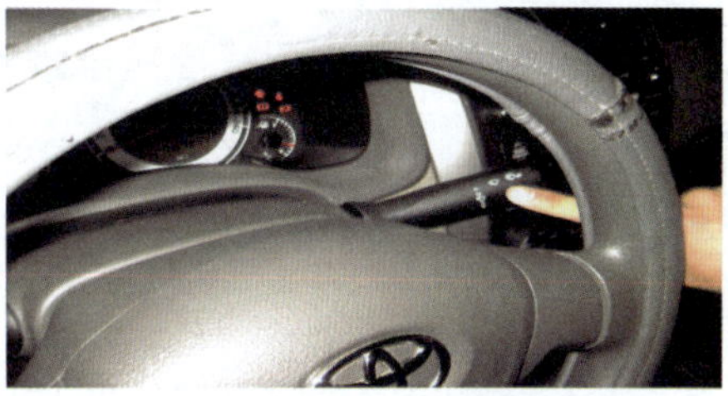

图 4-3-3　打开清洗器和刮水器开关

3. 检查喇叭、转向盘

1）操作步骤

(1) 在转向盘转动一周的同时，按压喇叭按钮，检查喇叭音量、音调是否正常稳定，如图 4–3–4 所示。

(2) 上下、左右晃动转向盘，试转转向盘，如图 4–3–5 所示。

图 4-3-4　检查喇叭音量、音调

图 4-3-5　检查转向盘

2）技术要求

喇叭音量、音调应正常有效。转向盘无异常松动、摆动。

4. 检查驻车制动器和行车制动器

1）操作步骤

（1）检查驻车制动器的指示灯。

（2）拉起驻车制动杆检查制动杆行程，如图 4–3–6 所示。

（3）踩下制动器踏板检查是否异常松动、有异响、能否完全踩下，如图 4–3–7 所示。

（4）测量制动器踏板自由行程。

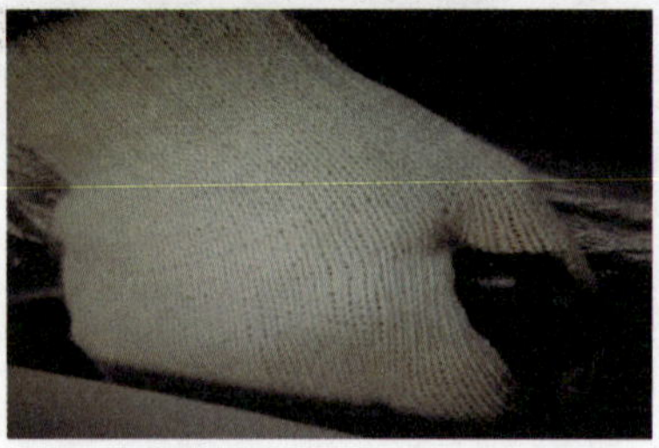

图 4-3-6　检查驻车制动器

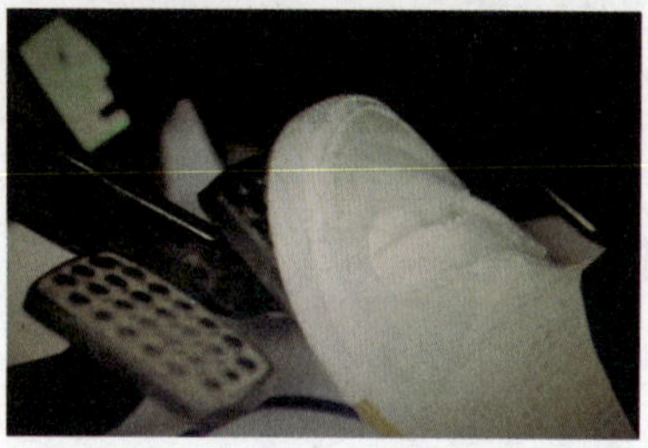

图 4-3-7　检查行车制动器踏板

2）技术要求

制动杆和踏板行程符合《维修手册》的规定，无异响和异常松动。

5. 检查车身内、外部件

1）操作步骤

（1）检查座椅。前后推动座椅，检查座椅螺栓紧固情况，如图 4–3–8 所示。

（2）检查安全带。观察肩带、跨带是否划伤、损坏，带扣、扣环和导向装置锁止功能是否正常（前后安全带检查方法相同），如图 4–3–9 所示。

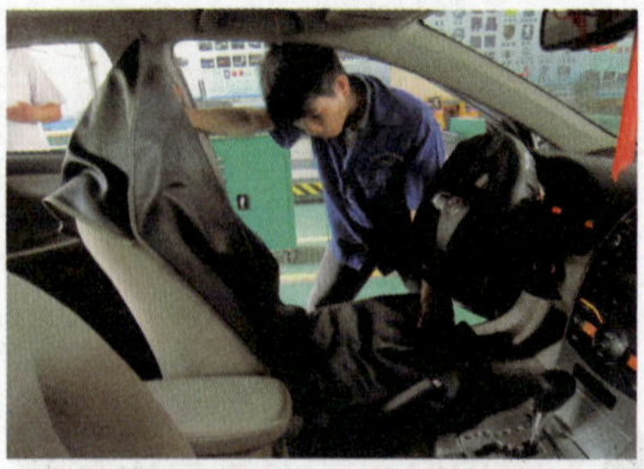

图 4-3-8　检查座椅

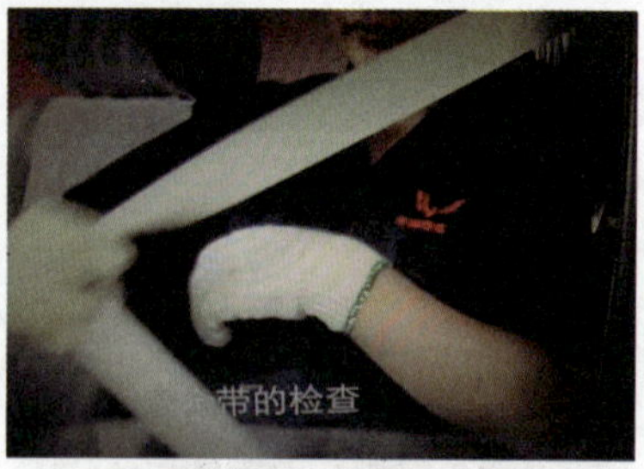

图 4-3-9　检查安全带

（3）检查车门。上下推拉车门，检查铰链的固定情况（4 门相同），如图 4–3–10 所示。

（4）检查行李箱盖。摇晃行李箱盖连接杆，检查螺栓、螺母的紧固情况，如图 4–3–11 所示。

图 4-3-10　检查车门

图 4-3-11　检查行李箱盖

(5) 检查发动机舱盖。摇晃机舱盖连接杆，检查螺栓、螺母的紧固情况，如图 4–3–12 和图 4–3–13 所示。

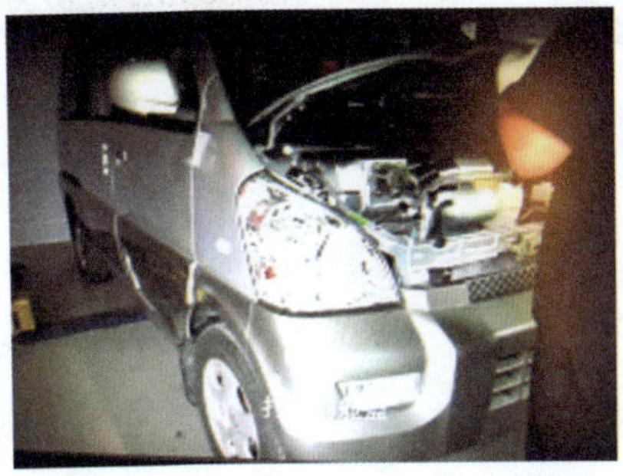

图 4-3-12　检查发动机舱盖（五菱汽车）

图 4-3-13　检查发动机舱盖（丰田汽车）

2）技术要求

座椅、车门紧固正常，安全带无划伤损坏，锁止装置正常有效。行李箱盖、发动机舱盖螺栓、螺母紧固正常。

6. 检查汽车底部油液泄漏情况

1）操作步骤

目视发动机机油、变速器油、转向助力液、制动液、减振油、燃油是否泄漏。，如图 4–3–14 和图 4–3–15 所示。

图 4-3-14　检查汽车底部泄漏情况（一）

图 4-3-15　检查汽车底部泄漏情况（二）

2）技术要求

汽车底部无油液渗漏现象。

7. 检查汽车底部螺母、螺栓紧固情况

1）操作步骤

用扭矩扳手或梅花扳手、开口扳手检查悬架、横梁、下臂、转向连接机构、驱动轴、车身、排气管、制动器、附件支架等外露螺母、螺栓，如图 4–3–16 ～图 4–3–18 所示。

图 4-3-16　减振器、制动卡钳螺栓

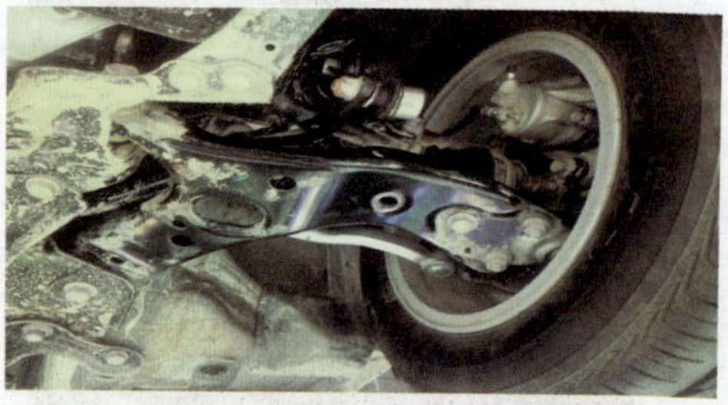

图 4-3-17　下臂螺栓

图 4-3-18　横梁螺栓

图 4-3-19　检查车轮螺母

2）技术要求

汽车底部螺栓、螺母紧固正常，扭矩符合《维修手册》的规定。

8. 检查发动机舱螺栓、螺母

1）操作步骤

用合适的扳手检查前减振上支承紧固螺栓与螺母、发动机连接螺栓与螺母是否松动。

2）技术要求

紧固螺栓、螺母扭矩应符合《维修手册》的规定。

9. 检查车轮紧固螺母

1）检查方法

用扭矩扳手按锁紧方向检查车轮螺母的扭矩，如图 4–3–19 所示。

2）技术要求

扭矩符合《维修手册》的规定。

10. 恢复清洁

1）操作步骤

(1) 拆卸车外翼子板布、前格栅布。

(2) 清洁车身外部和车身内部。

(3) 拆卸车内三件套。

2）技术要求

不能损坏护套、护垫。

任务检验

任务结束后，完成以下项目工作页。

<table>
<tr><td>班级</td><td>姓名</td><td>项目名称</td><td>完成日期</td><td>成绩</td><td rowspan="2">自我评价</td></tr>
<tr><td></td><td></td><td></td><td></td><td></td></tr>
<tr><td>项 目</td><td colspan="4">内容</td><td rowspan="5"></td></tr>
<tr><td rowspan="3">汽车一级维护作业</td><td colspan="4">1. 写出车辆一级维护中的检查、调整、紧固作业内容</td></tr>
<tr><td colspan="4">2. 制定一份一级维护任务工单</td></tr>
<tr><td colspan="4">3. 写出制动器和安全带检查技术要求</td></tr>
</table>

项目小结

1. 汽车一级维护除日常维护作业外，以清洁、润滑、紧固为作业中心内容，并检查有关制度、操纵等安全部件。由修配厂负责执行的车辆维护作业。

2. 汽车一级维护维护周期以汽车行驶里程为基本依据。一级维护行驶里程依据车辆使用说明书的有关规定，同时依据汽车使用条件的不同，由省交通厅行政主管部门规定确定。

3. 一级维护包括清洁作业，润滑补给作业，检查、调整、紧固作业。

4. 清洁作业是指清洁发动机舱，清洁空气滤清器 、空调滤清器、机油滤清器、燃油滤清器，清洁蓄电池，清洁汽车车身内、外。

5. 润滑、补给作业是指检查、补充发动机油液，检查、补给变速器油液、检查、补给转向助力液和驱动桥油。

6. 检查、调整、紧固作业中，检查是指检查车身电器工作情况，检查方向盘、检查油、水、电是否渗漏、检查制动器拉杆和踏板行程，检查车身部件紧固情况；调整是指对安全部件不良参数进行调整；加固是指安全部件进行检查紧固。

思考与练习

1. 为什么要对汽车进行一级维护保养?
2. 一级维护的主要项目有哪些?
3. 一级维护的维护周期一般是多少? 由什么部门制定一级维护周期?
4. 自己动手制作一份一级维护保养作业工单，工单包含作业内容、作业流程。

项目五 汽车二级维护作业

进行汽车二级维护前首先要进行检测，汽车进厂后，根据汽车技术档案的记录资料（包括车辆运行记录、维修记录、检测记录、总成修理记录等）和驾驶员反映的车辆使用技术状况（包括汽车动力性，异响，转向，制动及油料消耗等）确定所需检测项目（见表 5–0–1），依据检测结果及车辆实际技术状况进行诊断，从而确定附加作业。附加作业项目确定后与基本作业项目一起进行二级维护作业。二级维护过程中要进行过程检验，过程检验项目的技术要求应满足有关的技术标准或规范；二级维护作业完成后，应经维护企业进行竣工检验（竣工要求见表 5–0–2），竣工检验合格的车辆，由维护企业填写《汽车维护竣工出厂合格证》后方可出厂。

表 5-0-1 汽车二级维护检测项目

序号	检 测 项 目
1	发动机功率、气缸压力
2	汽车排气污染物、三效催化转化装置的作用
3	电控燃油喷射系统
4	柴油车检查供油提前角、供油间隔角和喷油泵供油压力
5	制动性能、制动力
6	转向轮定位，主要检查前轮定位角和转向盘自由转动量
7	车轮动平衡
8	前照灯
9	操纵稳定性，有无跑偏、发抖、摆头等现象
10	变速器，有无泄漏、异响、松脱、裂纹等现象，换挡是否轻便灵活
11	离合器，有无打滑、发抖现象，分离是否彻底，接合是否平稳
12	传动轴，有无泄漏、异响、松脱、裂纹等现象
13	后桥，主减速器有无泄漏、异响、松动、过热等现象

表 5-0-2　二级维护竣工要求

序号	维护内容		技 术 要 求	备 注
1	整车清洁		汽车外部、各总成外部、“三滤”应清洁	检视
	整车面漆		车身面漆、腻子无脱落现象，补漆颜色应与原色基本一致	检视
	整车对称		车体应周正，左右对称	汽车平置检查
	整车紧固		各总成外部螺栓、螺母按规定扭矩扭紧，锁销齐全有效	检查
	整车润滑		发动机、变速器、转向器、减速器润滑符合规定，各通气孔畅通。各部润滑点润滑脂加注符合要求。润滑脂嘴齐全有效，安装位置正确	检视
	密封及电器		全车无油、水、气泄漏，密封良好，电器装置工作可靠，绝缘良好	检视
	前照灯、信号灯、仪表灯、刮水器、后视镜等装置		稳固、齐全有效，符合有关规定	检视
2	路试检查发动机工作状况		发动机能正常起动，低、中、高速运转均匀、稳定，水温正常，加速性能良好，无断裂、回火、放炮等现象，发动机运转稳定后应无异响	路试
	路试检查发动机功率		无负荷功率不小于额定值的 80%	检测
	路试检查发动机装置		齐全有效	检视
3	检测离合器踏板自由行程		符合原厂规定	检测
	路试检查离合情况		接合平稳，分离彻底，无打滑、抖动及异响现象	路试
4	转向系统	转向盘最大转动量	符合规定	检查
		横直拉杆装置	球头销不松旷，各部螺栓、螺母紧固，锁止可靠	检查
		转向机构	操作轻便、转动灵活，无摆振、跑偏等现象。车轮转到极限位置时，不得与其他部件有碰擦现象	检测
		前束及最大转向角	符合规定	检测
		侧滑	符合 GB 7258—2012 中的有关规定	检测
5	传动系统	变速器、传动轴、主减速器	变速器操作灵活、不跳挡，不乱挡；变速器传动轴、主减速器各部件无异响，传动轴装配正确	路试
6	行驶系统	轮胎	轮胎磨损应在规定范围内，同轴轮胎应为相同的规格和花纹，转向轮不得使用翻新轮胎，轮胎气压符合规定，后轮辋孔与制动鼓观察孔对齐	检查
		钢板弹簧	钢板弹簧无断裂、位移、缺片、U 形螺栓紧固，前后钢板支架无裂纹及变形	检查
		减振器	稳固有效	路试
		车架	车架无变形，纵横梁无裂纹，铆钉无松动，拖车钩、备胎架齐全，无裂损变形，连接牢固	检查
		前后轴	无变形及裂纹	检查

续表

序号	维护内容		技术要求	备注
7	制动系统	制动性能	应符合 GB 7258—2012 中的有关规定	路试或检测
		制动踏板自由行程	符合规定	
		驻车制动性能	应符合 GB 7258—2012 中的有关规定	路试和检测
8	滑行性能		符合规定	路试或检测
9	车身、车箱		驾驶室装置紧固，门锁链灵活无松旷，限动装置齐全有效，驾驶室门关闭牢靠、无松动，风窗玻璃完好，窗框严密，门把、门锁、玻璃升降器齐全有效。发动机罩锁扣有效，暖风装置工作正常	检查
10	尾气排放测量		符合有关标准的规定	检测

汽车二级维护：

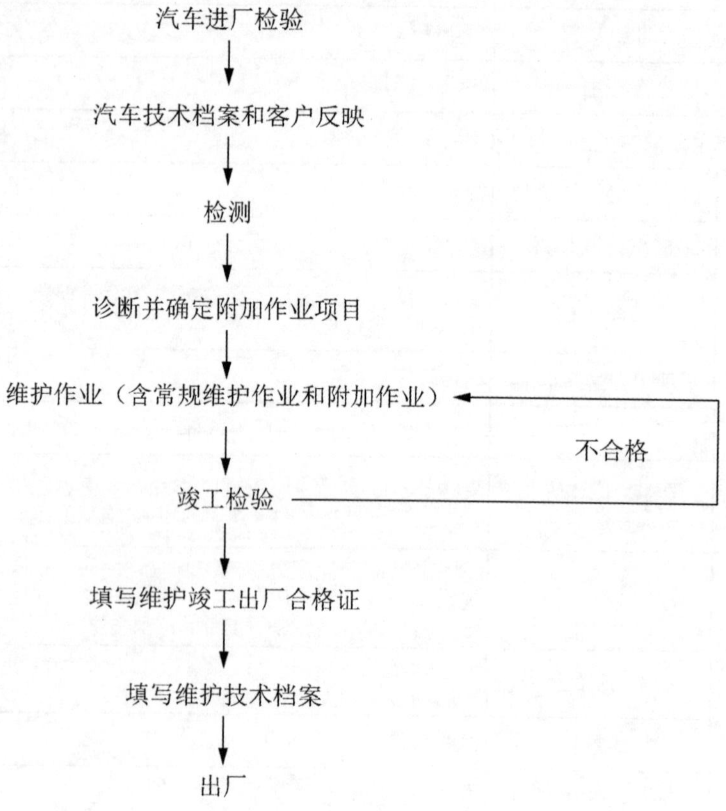

任务一　汽车油液的检查、补给及部件的润滑作业

任务导入

一家 4S 店接到客户预约，第二天开一辆 1.8L 的卡罗拉轿车来进行二级维护。汽车油液的检查、补给及部件的润滑作业是二级维护中的一项任务，如果你是技术员，你应知道哪些知识、做哪些准备、按什么流程进行操作呢?

知识储备

一、检查目的

检查的目的是防止汽车零部件因缺少油液工作而加速磨损或变形，延长车辆零部件的使用寿命，确保行车安全。

二、检查内容

(1) 检查、更换发动机机油及机油滤清器。

(2) 检查、补充转向助力液。

(3) 检查、补充冷却液。

(4) 检查变速器油。

(5) 检查、补充制动液。

(6) 检查、补充驱动桥油。

(7) 检查、补充玻璃清洗液。

三、操作注意事项

(1) 三件套为易损件，安装时要防止撕破。

(2) 不要随意进入车内起动发动机。

(3) 进入车辆前要安放好车轮挡块。

(4) 不能随意按动举升机操纵开关。

任务实施

一、准备工作

(1) 将汽车停放于平坦场地上，在前轮或后轮安放车轮挡块。

(2) 拉满驻车制动杆行程，变速杆置于 P 位，拉起发动机舱盖释放杆。

(3) 安装车内三件套，安放翼子板布、前格栅布。

二、操作过程

1. 检查、更换发动机机油及机油滤清器

1）更换目的

确保发动机运转时获得足够数量、干净清洁的润滑油，防止发动机因缺油或油质下降而出现发动机过热、拉缸、功率下降的现象。

2）操作方法

(1) 检查机油液位和油质。滴一些机油在干净的玻璃上或其他干净的容器内，观察玻璃上或容器内机油的油色，或用手搓机油。油质的判断见单元二项目一。

油色清澈：表示机油污染很轻。多级机油加有添加剂会比较快地变黑，这是正常现象。

机油呈雾状：表示机油已被冷却液污染，应更换。

机油呈灰白色：表示机油已被燃油污染，应更换。

机油明显出现分层且上层油色变淡：表示添加剂失效，应更换。

明显感觉有颗粒状东西搓手：表示机油中有较多的杂质，应更换。

(2) 起动发动机，让发动机预热 2 ~ 3min 后熄火（在此期间，可进行其他项目的检查）。

(3) 举升车辆至适合工作高度。

(4) 拆下机油排放塞（图 5-1-1），把机油排入机油回收桶（在此期间可以进行油液渗漏的检查）。

图 5-1-1　拆卸机油排放塞

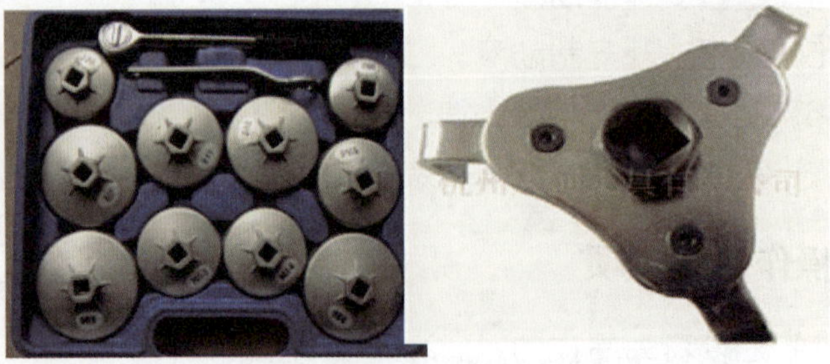

图 5-1-2　机油滤清器专用工具

(5) 待机油排放完毕，用专用工具（图 5-1-2）把机油滤清器拆卸下来，并把安装座擦拭干净，如图 5-1-3 所示。

图 5-1-3　拆卸机油滤清器

图 5-1-4　在新机油滤清器上抹新机油

(6) 在新机油滤清器密封圈上抹上新机油后（图 5–1–4），把滤清器装入安装座使密封圈刚好贴合安装座，用专用工具把滤清器拧紧 3/4 圈（约 18N · m）即可。

(7) 更换排放塞垫片，把排放塞装上，用工具拧至规定扭矩。

(8) 降下车辆，按标准量添加机油，5min 后抽出油尺检查机油液位，若偏低则补充合适。

3) 技术要求

(1) 排放机油时，要打开机油加注口盖。

(2) 机油加注量要符合规定，应每 5000km 更换机油及机油滤清器。

(3) 紧固机油滤清器时，不能超过规定的扭矩。

2. 检查、补充冷却液

1) 检查目的

确保有足够的冷却液，保证发动机能正常运转，防止发动机散热不良而出现过热、功率下降，甚至造成机件损坏的现象。冷却液（一般呈红色或绿色）不足应及时添加。

2) 操作方法

(1) 用手轻拍储液罐（图 5–1–5 和图 5–1–6），观察冷却液液面，低于刻度线的应及时添加，冷却液的加注方法如图 5–1–7 所示。如果冷却液污浊或充满水垢，应更换冷却液并清洗冷却系统。

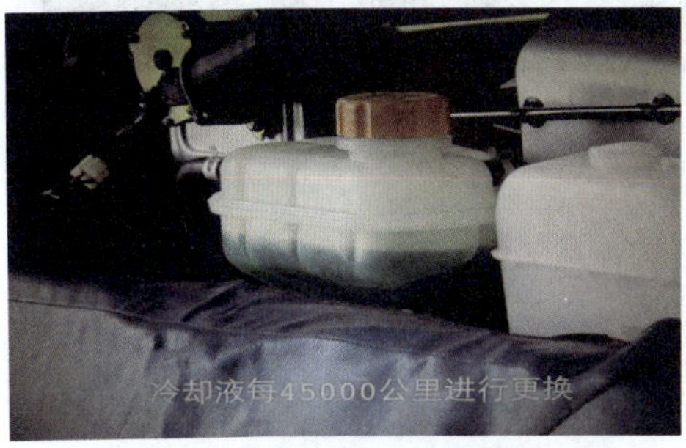

图 5-1-5　五菱汽车冷却液储液罐

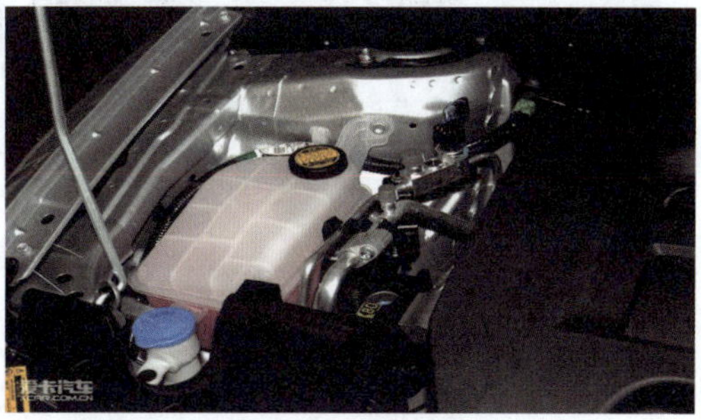

图 5-1-6　卡罗拉汽车冷却液储液罐

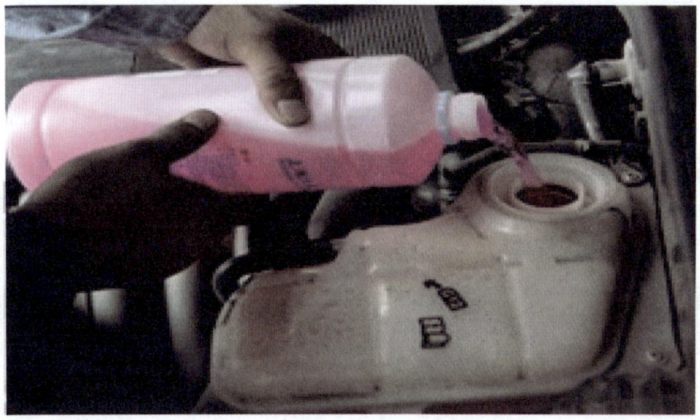

图 5-1-7　冷却液的加注

(2) 技术要求。液面应在 max 与 min 刻度线范围内。

3. 检查、补充制动液

1）检查目的

防止出现制动液减少使辆制动效果下降，甚至制动失灵，造成车辆运行时存在安全隐患或产生安全事故（制动液颜色一般呈淡黄色，更换周期一般为两年或 40000km）。

2）检查内容

检查内容包括液位和品质检查。

3）操作方法

用手轻拍制动液储液罐（或打开盖子目视，制动液储液罐如图 5–1–8 和图 5–1–9 所示），观察制动液液位是否在 max 与 min 刻度线之间，不足应及时添加。目视制动液是否脏污，脏污的应及时更换。

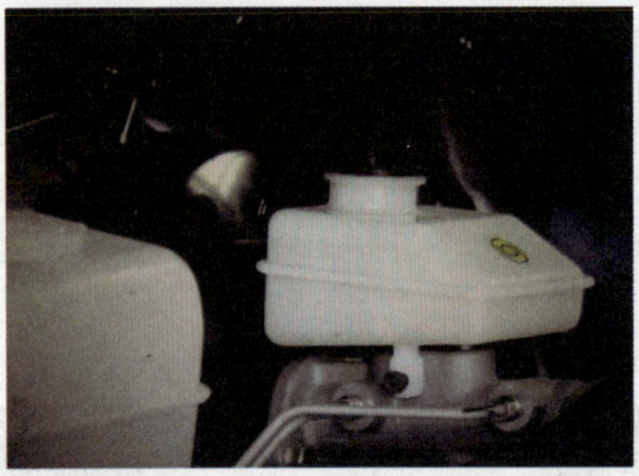

图 5-1-8　五菱汽车制动液储液罐

图 5-1-9　卡罗拉汽车制动液储液罐

4）技术要求

(1) 液位应在 max 与 min 刻度线之间（最好在中间偏上位置）。

(2) 每 10000km 或半年检查一次，每 40000km 或两年更换一次。

(3) 制动液含水量应小于 3%。

用测试笔吸入制动液测试制动液的含水量（图 5–1–10），快速检测制动液的好坏，便于及时更换不符合要求制动液。

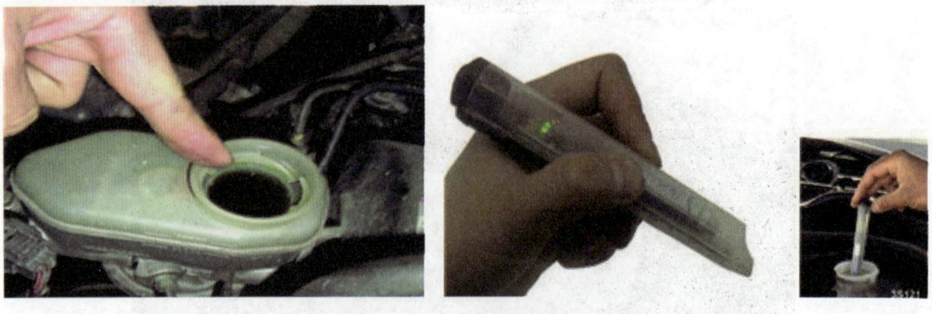

图 5-1-10　检查、测试制动液

技术参数：

绿色 LED 灯：制动液含水量小于 1.5%，制动液合格。

黄色 LED 灯：制动液含水量为 1.5% ～ 3%，可以继续使用，6 个月以后再检测一次。

红色 LED 灯：制动液含水量大于 3%，制动液不能继续使用，需要更换。

4. 检查、补充玻璃清洗液

1）检查目的

了解清洗液液位，以便及时添加，保证风窗玻璃清洗所需的清洗液。

2）操作方法

轻轻拍打储液罐（图 5–1–11 ～图 5–1–13），观察清洗液液位是否在规定范围内（可加满储液罐）。

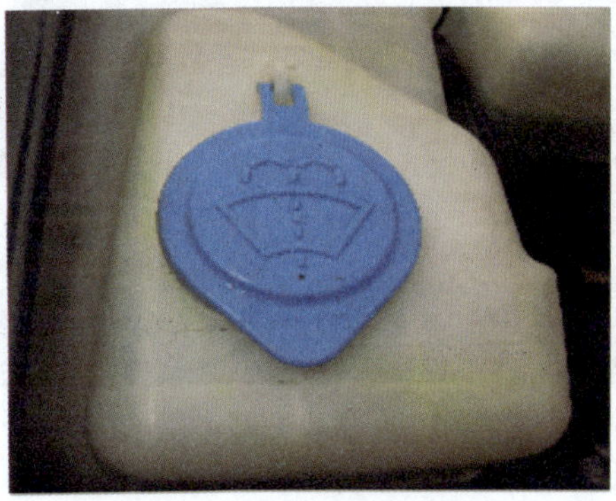

图 5-1-11　玻璃清洗液储液罐

图 5-1-12　五菱汽车玻璃清洗液储液罐

3）技术要求

液位要在刻度线范围内，如果液位偏低应添加。

5. 检查、补充转向助力液

1）检查目的

了解转向液液位便于及时添加，保证转向系统正常工作运行。

2）操作方法

（1）打开转向助力油罐端盖。

（2）取出油尺观察油液液位是否在上下刻度线之间位置，如果液位偏低则添加至标准位置。

（3）检查转向助力液管路是否有泄漏现象。

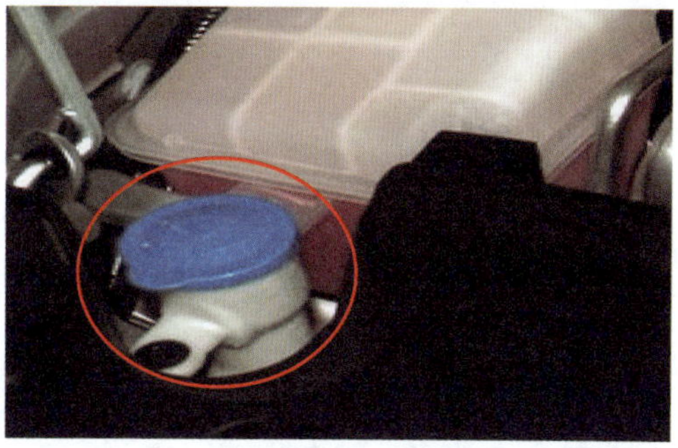

图 5-1-13　卡罗拉汽车玻璃清洗液储液罐

3）技术要求

液位应在标准刻度线的中间位置，管路无泄漏现象，油质良好。应每 10000km 或 6 个月检查一次。

6. 检查、补充变速器油

1）检查目的

了解变速器液位及油液质量，以便及时添加或更换，保证变速器内的齿轮润滑充分，防止齿轮过早磨损。

2）检查内容

检查内容包括油位和油质。

3）操作方法

（1）检查手动变速器油（图 5–1–14 和图 5–1–15）。

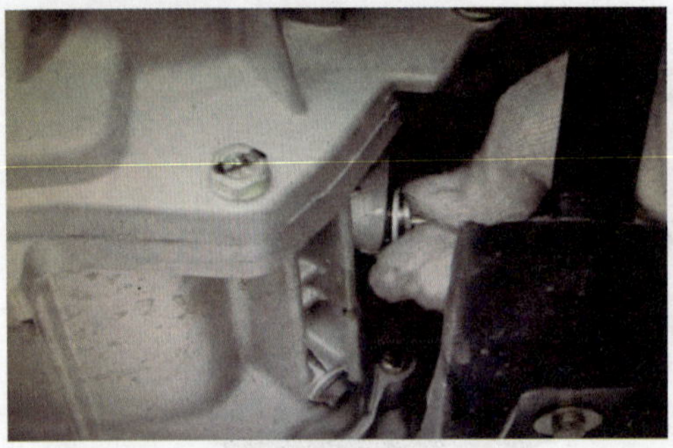

图 5-1-14　检查手动变速器油

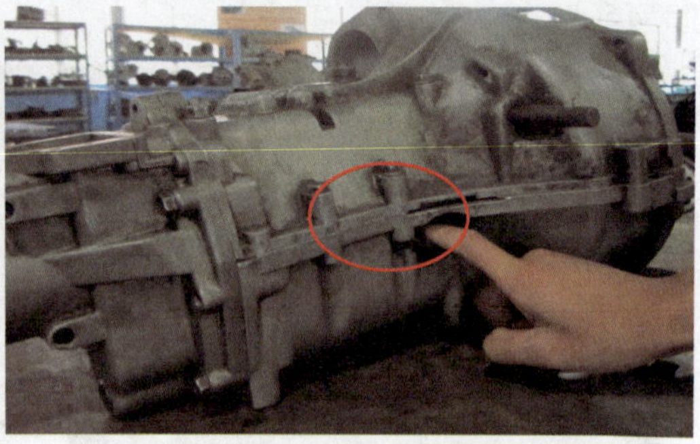

图 5-1-15　检查手动变速器油油位

①拧下油位检查孔螺塞。

②从检查孔伸入手指，检查油位是否达到规定油位，油位应不低于孔边 15 mm（一节手指应能碰到油面）。若油量不足，应补充齿轮油。

③用手搓变速器油，检查油中有无颗粒物，闻变速器油有无焦味，有颗粒物或有焦味的应进行更换。

（2）检查自动变速器油（图 5–1–16）。

①起动发动机。

②把变速杆从 P 拉到 B（或 L）位，再从 B（或 L）拉回到 P 位。

③拉出变速器油油尺，观察液位是否在“热”（HOT）范围内。

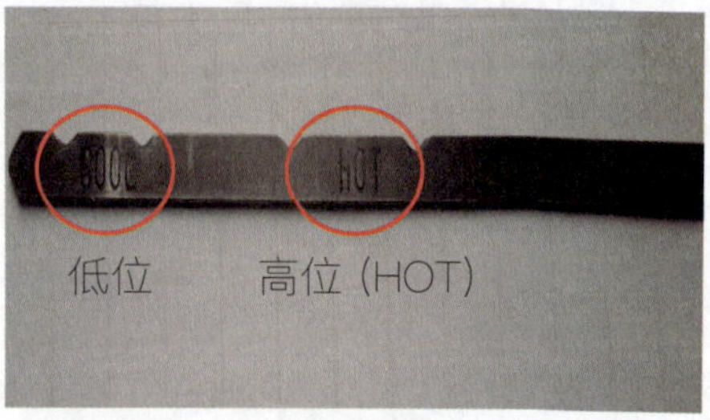

图 5-1-16　自动变速器油油位标准

4）技术要求

液位应在规定范围内，油质良好、无焦味。变速器油每 40000km 检查更换一次（自动变速器油一般 80000km 更换一次）。

7. 检查、补充驱动桥油

1）检查目的

防止驱动桥齿轮液位偏低造成润滑不良，使齿轮加速磨损。

2）操作方法

（1）拧下油位检查孔螺塞。

（2）从检查孔伸入手指，检查油位是否达到规定油位，油位应不低于孔边 15 mm（一节手指应能碰到油面），如图 5-1-17 所示。油量不足，应补充齿轮油。

3）技术要求

油位在《维修手册》规定范围内，应每 20000km 检查一次，每 40000km 更换一次。

图 5-1-17　检查驱动桥油油位

注意事项：

（1）补充或更换机油时，应注意机油的牌号。

（2）补充冷却液时，要等待发动机冷却后再打开散热器盖，以防烫伤或引起缸体、缸盖变形。

8. 润滑作业

用润滑油（脂）对车门铰链、发动机舱盖、行李箱盖等绕轴转动或滑动的全车部件进行润滑。要求润滑油（脂）不宜过多，反复转动（或滑动）数次润滑部件，让润滑油（脂）均匀分布。

任务检验

任务结束后，完成以下项目工作页。

<table>
<tr><td>班级</td><td>姓名</td><td>项目名称</td><td>完成日期</td><td>成绩</td><td>自我评价</td></tr>
<tr><td></td><td></td><td></td><td></td><td></td><td rowspan="4"></td></tr>
<tr><td>项 目</td><td colspan="4">内容</td></tr>
<tr><td rowspan="2">汽车二级维护的检查、补给、润滑作业</td><td colspan="4">1. 检查、补给、润滑作业的内容有哪些?</td></tr>
<tr><td colspan="4">2. 与你的同学讨论，制作一份检查、补给、润滑作业的的任务工单，并设计 2 ～ 3 个不同的操作流程，选出最佳的一个操作流程。</td></tr>
</table>

任务二　车身电器及转向盘、制动器的检查、调整作业

任务导入

一家 4S 店接到客户预约，两天后开一辆 1.8L 的卡罗拉轿车来进行二级维护。车身电器及方向盘、制动器的检查、调整作业是二级维护中的维护与保养项目，如果你是技术员，你应知道哪些知识、做哪些准备、按什么流程进行操作呢?

知识储备

一、检查目的

了解汽车车灯、制动器、喇叭、转向盘等安全部件的工作状况，便于发现它们存在的故障和隐患并及时进行检修，确保行车安全。

二、作业内容

(1) 检查车灯。

(2) 检查制动器。

(3) 检查喇叭、转向盘。

三、操作注意事项

(1) 不要随意进入车内起动发动机。

(2) 不得随意按动举升机开关。

(3) 正确使用工具和量具。

(4) 不能随意摇晃升起的车辆。

任务实施

一、准备工作

(1) 变速杆置于 P 位。

(2) 安放车轮挡块。

(3) 安装三件套。

二、操作过程

1. 认识车灯开关

车灯组合开关如图 5–2–1 所示。

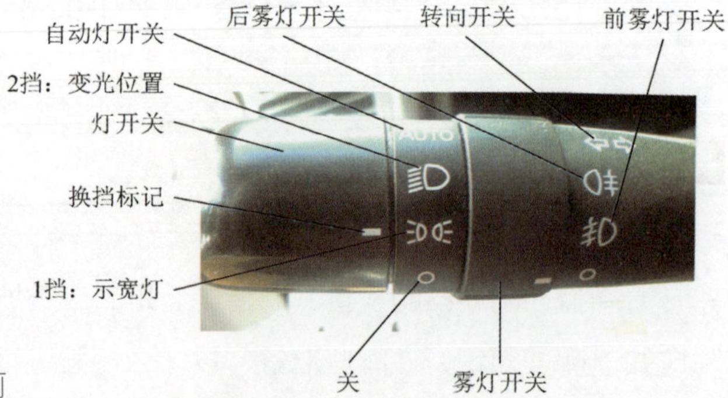

图 5-2-1　车灯组合开关

2. 车灯开关的操作

1）照明开关的操作

逆时针旋转灯开关：

(1)“—”标记转到 1 挡位置时，前后示宽灯、牌照灯、仪表灯、开关照明灯点亮。

(2)“—”标记转到 2 挡位置时，前照灯、示宽灯、牌照灯、仪表灯、开关照明灯点亮。

2）雾灯开关的操作

逆时针旋转雾灯开关：

(1)“—”标记转到前雾灯开关位置（先开位置灯）时，前雾灯点亮。

(2)“—”标记转到后雾灯开关位置（先开位置灯）时，后雾灯点亮。

3）转向开关的操作

往上（下）轻轻拨动转向开关，左侧（右侧）前后转向灯、转向指示灯点亮。

4）危险警告灯开关的操作

(1) 往下按压危险警告灯开关（图 5–2–2），危险警告灯及指示灯点亮。

(2) 再次按压危险警告灯开关，危险警告灯及指示灯熄灭。

图 5-2-2　危险警告灯开关

3. 认识车灯

不同车型的车灯如图 5–2–3 ～图 5–2–6 所示。

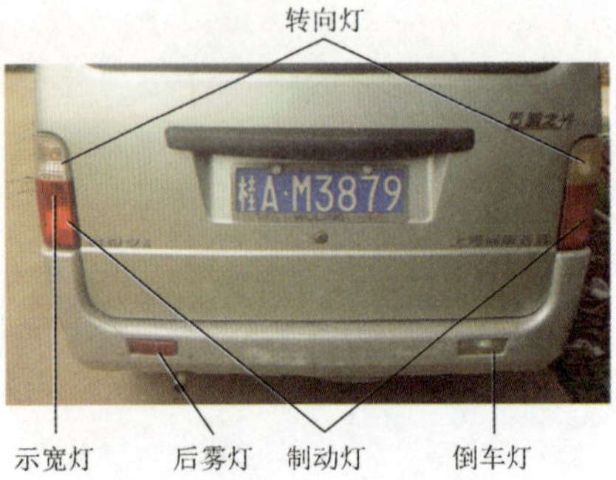

图 5-2-3　五菱汽车后部车灯

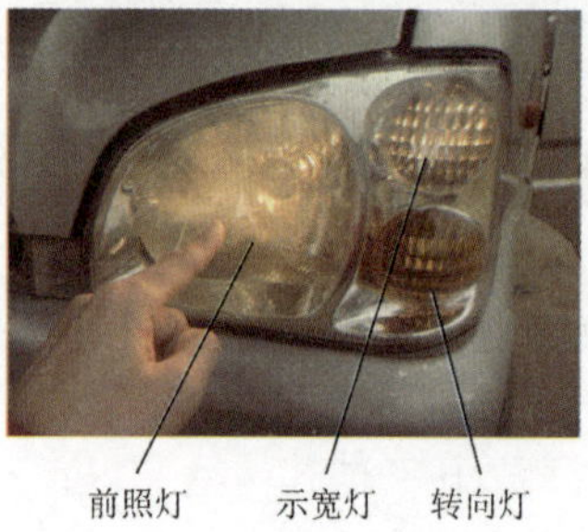

图 5-2-4　五菱汽车前部车灯

图 5-2-5　五菱汽车车灯

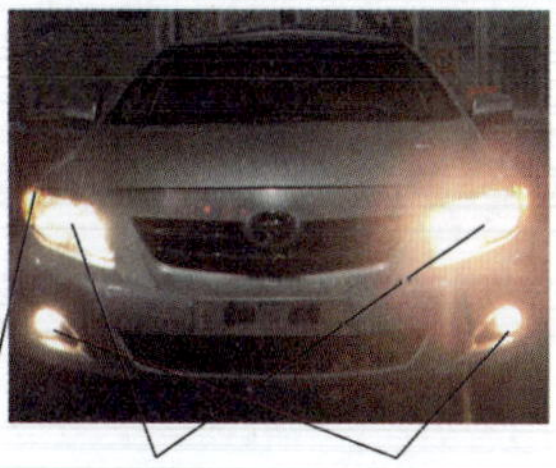

图 5-2-6　卡罗拉汽车车灯

4. 检查车灯

1）检查汽车前部车灯

检查示宽灯、雾灯、远光灯、近光灯、闪光灯、转向灯、危险警告灯。

(1) 操作方法（图 5–2–7）

①技师打开车灯开关，发出“××× 灯点亮”的指示（检查转向灯时，技师转动转向盘自行检查转向开关的自动复位功能）。

②助手在车外进行手势配合，并发出“正常”或“不正常”的提示。

(2) 技术要求。车灯完整有效，工作正常。

2）检查汽车后部车灯

检查示宽灯、牌照灯、雾灯、远光灯、近光灯、闪光灯、转向灯、危险警告灯、制动灯、倒车灯（图 5–2–8 和图 5–2–9）。

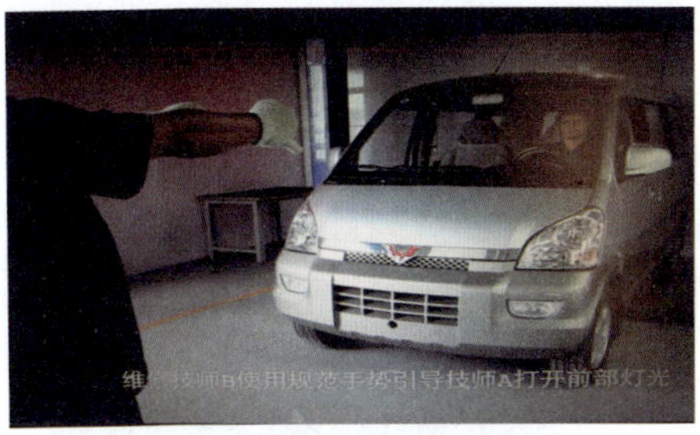

图 5-2-7　检查汽车前部车灯

图 5-2-8　变速杆置于 R 位

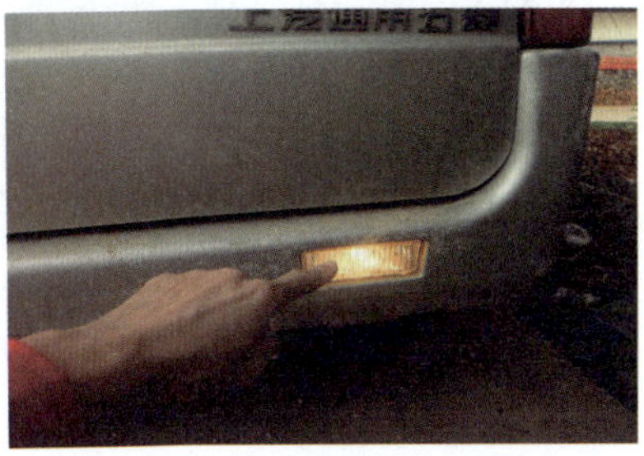

图 5-2-9　倒车灯点亮

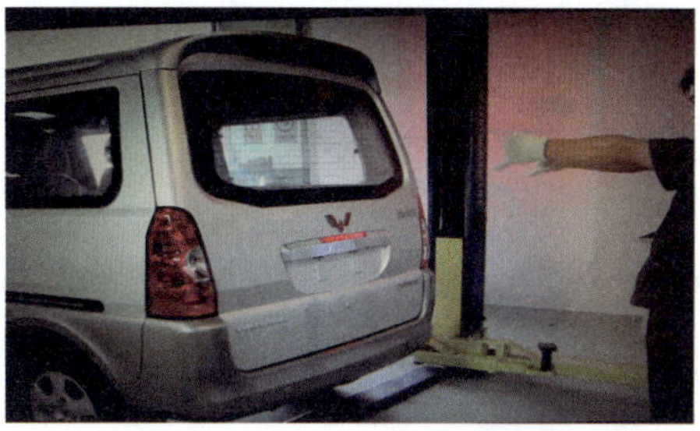

图 5-2-10　检查汽车后部车灯

(1) 操作方法（图 5–2–10）

①技师打开车灯开关，发出“××× 灯点亮”的指示。

②助手在车外进行手势配合，并发出“正常”或“不正常”的提示。

(2) 技术要求。车灯完整有效，工作正常。

3) 检查其他灯

检查汽车内部顶灯、仪表照明灯、开关照明灯、指示灯、仪表警告灯。

(1) 操作方法。

技师自行打开车内灯开关，检查车灯的工作情况，如图 5–2–11 和图 5–2–12 所示。

(2) 技术要求。

要求车灯完整有效，工作正常。

图 5-2-11　检查顶灯

图 5-2-12　检查仪表照明灯、指示灯、仪表警告灯

5. 检查玻璃清洗器和刮水器

1) 操作方法

(1) 认识刮水器开关，如图 5–2–13 所示。

(2) 检查 PULL 喷水压力、喷射位置及刮水器联动功能是否正常。

(3) 检查刮水器 MIST 去雾、INT 间歇 、LO 低速、HI 高速挡是否正常有效。

(4) 检查刮水器刮水效果及刮水电动机停转后刮水器复位功能是否正常。

2) 技术要求

玻璃清洗器和刮水器正常有效，刮水器复位功能正常。

6. 检查喇叭

(1) 操作方法

在转向盘转动一周的同时按压喇叭开关，检查喇叭音量、音调如图 5–2–14 所示。

(2) 技术要求

喇叭音量、音调符合规定。

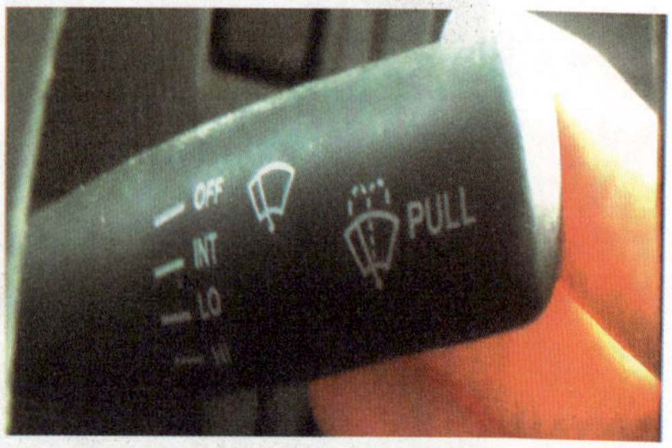

图 5-2-13　刮水器开关

7. 检查转向盘

1) 操作方法

(1) 检查松动摆动情况 (图 5–2–15)。上下、左右晃动转向盘，检查转向盘有无异常松动、摆动。

图 5-2-14　检查喇叭音量、音调

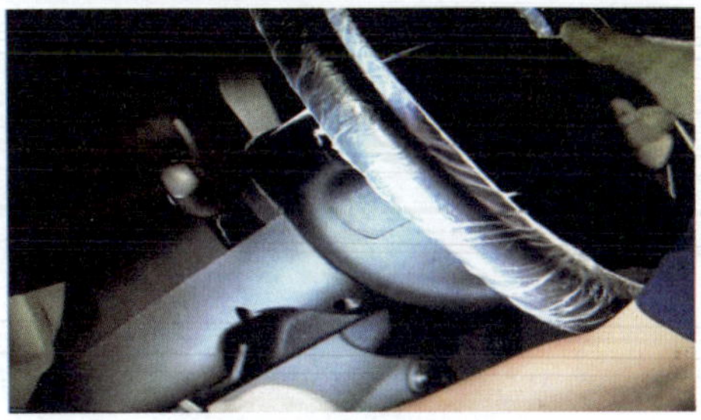

图 5-2-15　调整转向盘

(2) 检查自由行程（图 5-2-16）。

①摆正转向轮。

②摆正转向盘。

③轻轻转动转向盘，当转向轮要动作时，用钢直尺测量转向盘的移动量。

2）技术要求

转向盘无异常松动、摆动，自由行程符合《维修手册》的规定，不合适的应进行调整。

8. 检查制动器

1）检查驻车制动器指示灯和制动杆行程

(1) 操作方法。

①把点火开关拨到 ON 位置，拉驻车制动杆至锁止齿响第一响，检查指示灯是否点亮。

②把驻车制动杆往上拉满行程（图 5-2-17），同时检查锁止齿轮是否响 6 ～ 9 响。

(2) 技术要求。制动指示灯应正常有效，制动杆行程应符合《维修手册》的规定，否则应进行调整。

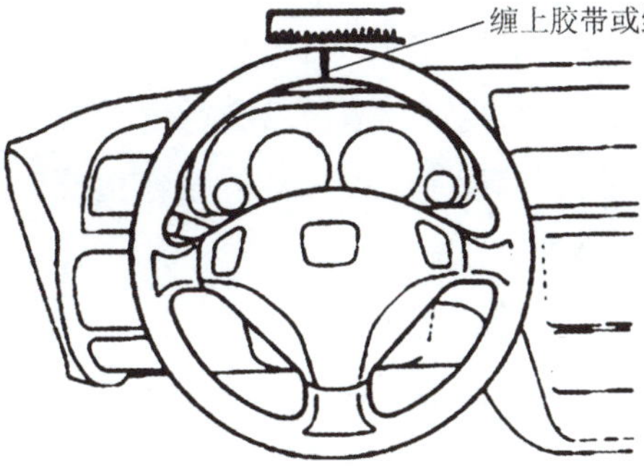

图 5-2-16　检查转向盘自由行程

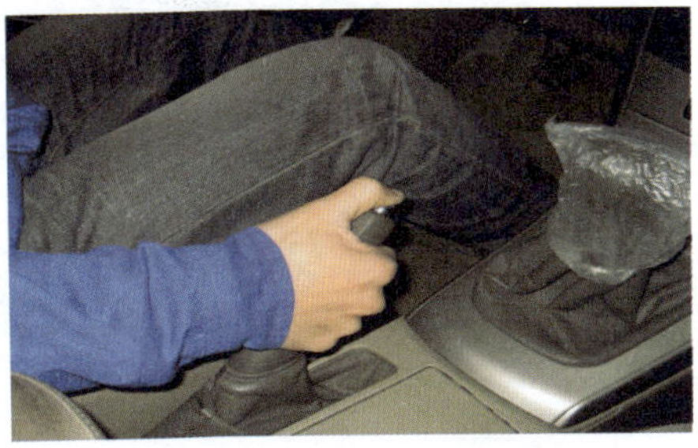

图 5-2-17　检查驻车制动器

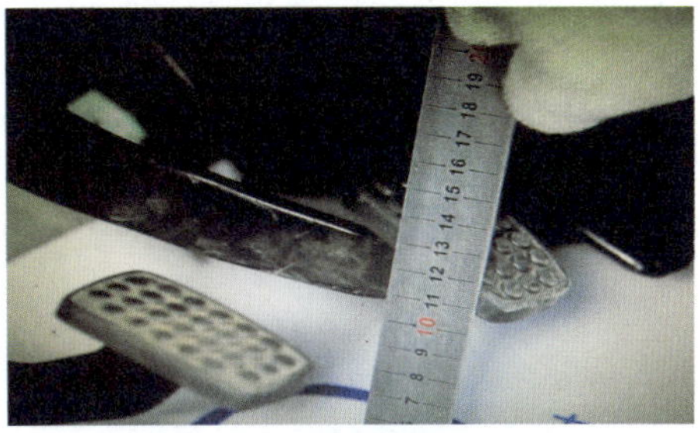

图 5-2-18　检查制动器踏板高度

2）检查行车制动器踏板

(1) 检查制动器踏板的高度（应移开地板上的地毯进行测量）。

①操作方法。

a. 起动发动机，释放驻车制动杆。

b. 取钢直尺垂直于踏板测量踏板至车厢地板的距离，如图 5-2-18 所示。

②技术要求。测量参数符合《维修手册》的规定（一般为 150 ～ 160mm）。

（2）检查踏板余量（应移开地板上的地毯进行测量）。

①操作方法。

a. 把踏板踩到底。

b. 取钢直尺测量踏板至车厢地板之间的距离。

②技术要求。测量参数符合车辆《维修手册》的规定（一般为 70 ～ 80mm）。

（3）检查踏板状况

①操作方法。把踏板慢慢往下踩，检查踏板反应是否灵敏，能否完全踩到底，是否有异常噪声，是否过度松动。

②技术要求。踏板应反应灵敏，能完全踩到底，无异常噪声和过度松动。

（4）检查踏板的自由行程（应移开地板上的地毯进行测量）。

①操作方法。

a. 关闭点火开关让发动机熄火，踩下 – 松开制动踏板 30 ～ 40 次。

b. 用手指轻轻按压制动踏板，并用钢直尺测量踏板从开始移动到有明显阻力时踏板的移动量，即为踏板的自由行程。

②技术要求。踏板自由行程应符合《维修手册》的规定（一般为 1 ～ 6mm）。

（5）检查制动助力器的工作情况。

①操作方法。

a. 关闭点火开关。

b. 把制动踏板踩到底后，起动发动机。此时踏板应自动下沉一定的行程，如图 5-2-19 所示。

②技术要求。起动发动机后踏板要下沉。

（6）检查制动助力器的气密性。

①操作方法。

a. 起动发动机，让发动机运转 1 ～ 2min 后停机。

b. 踩压制动踏板 3 ～ 4 次，检查每次踩压后踏板返回的高度是否越来越大。

②技术要求。每次踩压后踏板返回的高度应越来越大。

图 5-2-19 检查制动助力器

（7）检查制动助力器的真空功能。

①操作方法。

a. 起动发动机后，把制动踏板踩到底。

b. 关闭点火开关让发动机熄火，保持大约 30s 后，检查踏板的高度是否产生变化。

②技术要求。高度不变。

（8）检查盘式制动器。

①检查内容。检查制动活塞油液渗漏情况、制动片磨损情况、制动盘磨损情况及径向跳动。

②操作方法。

a. 把车辆升起到车轮中心齐部位置后，锁止举升机。

b. 用气动扳手拆下前轮轮胎，并拆下制动卡钳（图 5–2–20），用铁钩挂在减振弹簧上。

c. 拆下制动片并把制动片、制动盘擦干净。

d. 检查制动卡钳，目视制动活塞有无油液渗漏。

e. 检查制动片（图 5–2–21）。

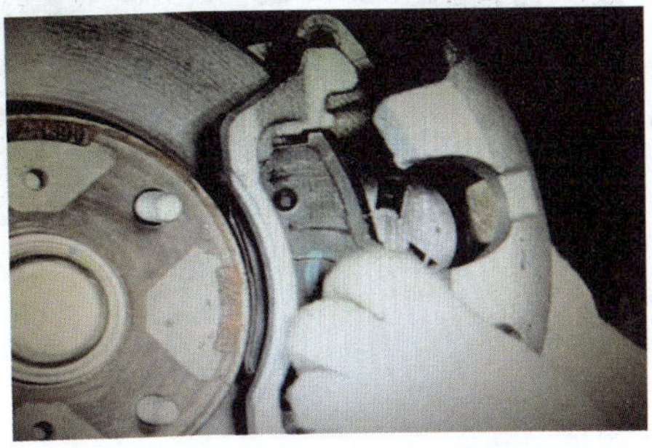

图 5-2-20 拆卸制动卡钳

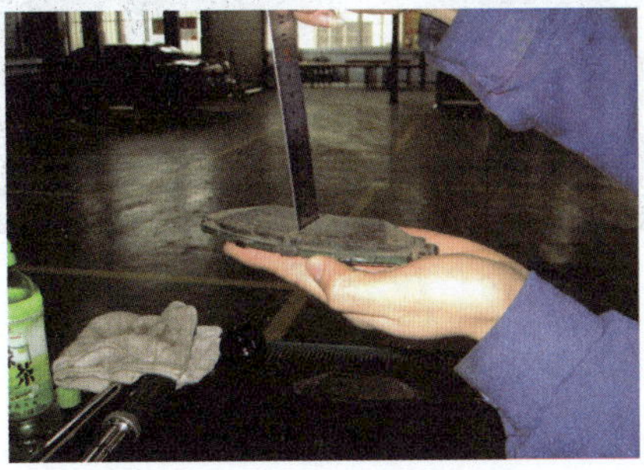

图 5-2-21 测量制动片

目视制动片是否磨损均匀、磨损过度；用钢直尺分 3 个点测量制动片厚度是否到使用极限，并视情况进行更换。

f. 检查与测量制动盘。目视制动盘有无刮痕、损伤，用外径千分尺测量制动盘厚度（图 5–2–22），用百分表测量制动盘径向跳动量。（图 5–2–23）

图 5-2-22 测量制动盘厚度

图 5-2-23 测量制动盘径向跳动量

g. 把制动片、制动卡钳按与拆卸时相反的顺序安装到制动器上，装上制动器总成。

③技术要求。制动片、制动盘磨损量、径向跳动量符合《维修手册》的规定。更换制动片时，应在消声垫片上抹上润滑脂再安装上去。

（9）检查鼓式制动器。检查分泵油液渗漏情况、制动蹄片及制动盘磨损情况、制动蹄外直径。

①操作方法。

a. 用气动扳手拆下后轮轮胎，并拆下制动盘，用干净软布把制动蹄片和制动盘擦拭干净。摩擦片有油污的则用细砂纸擦拭干净。

b. 目视制动分泵有无油液渗漏现象。

c. 检查制动蹄片。目视制动片是否磨损均匀、磨损过度；如图 5-2-24 所示，用游标卡尺测量制动片厚度是否达到使用极限（剩余厚度为 1mm），并视情况进行更换。

d. 检查与测量制动盘。目视制动盘有无刮痕、损伤；如图 5-2-25 所示，用游标卡尺测量制动盘直径是否达到使用极限。

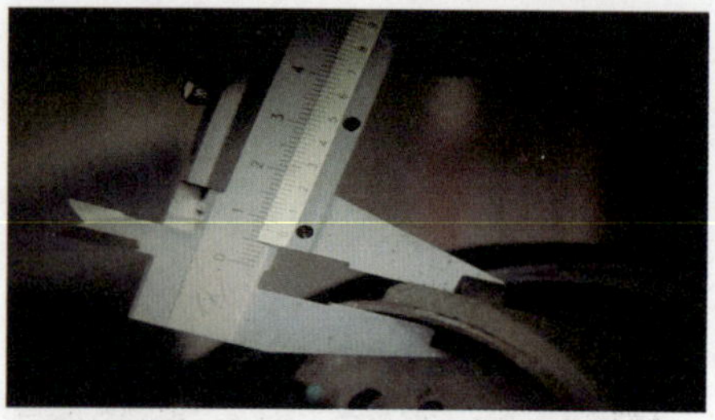
图 5-2-24　测量制动蹄片厚度

图 5-2-25　测量制动盘的内径

e. 测量两块制动蹄外直径，与制动盘内直径进行比较，应有 0.2mm 的间隙，否则对调节装置进行调整。

f. 把制动器按与拆卸时相反的顺序装好。

②技术要求。制动片、制动盘磨损量、制动蹄片与制动盘间隙应符合《维修手册》的规定。

9. 检查制动拖滞情况

1）操作方法

(1）检查制动器是否有拖滞现象，如图 5-2-26 所示。

(2）临时安装紧固螺母固定制动盘。

(3）转动制动盘，检查制动器有无拖滞现象。

2）技术要求

制动器无拖滞现象。

图 5-2-26　检查制动拖滞

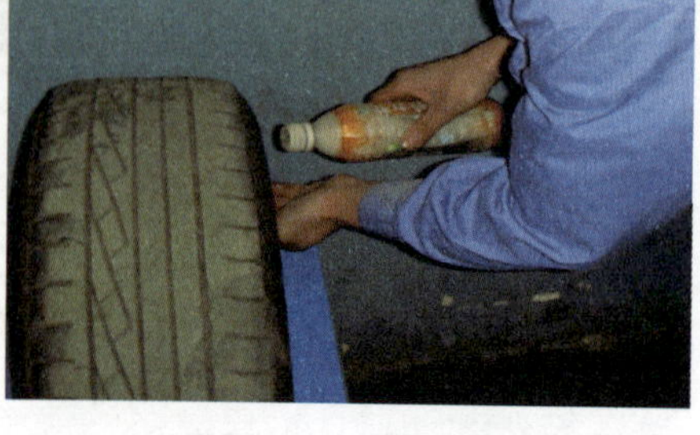
图 5-2-27　检查轮胎

10. 检查、安装车轮

1）检查车轮

（1）操作方法。

①用气压表检查胎压是否符合规定，若不符合应按规定值进行充气。

②在气门、轮胎边、胎面抹上肥皂泡，检查轮胎漏气情况，如图 5–2–27 所示。

③检查轮胎有无异物嵌入。 转动轮胎，观察胎槽内有无石头、玻璃等嵌入物或刺入铁钉等。

④检查胎纹深度。用钢直尺或轮胎深度规测量轮胎花纹深度（应大于 1.6mm），观察轮胎磨损标记（胎面不应与磨损标记齐平），如图 5–2–28 所示。

图 5-2-28　检查磨损标记

⑤检查钢圈。观察钢圈有无生锈、变形。

（2）技术要求。胎压符合规定，轮胎无漏气，无异常磨损和过度磨损，无裂纹和石头、玻璃等嵌入物；钢圈 无生锈、变形现象。

2）安装车轮

（1）操作方法。双手抱住车轮下部，将轮胎装到轮毂上，一手按住轮胎，另一手将轮胎螺母安装到螺栓上，对螺母进行初步预紧，如图 5–2–29。

（2）技术要求。要对角分两次预紧车轮轮毂螺母。

3）检查车轮转动情况和噪声

（1）操作方法。用手转动车轮，观察车轮是否平稳转动，倾听有无异响，如图 5–2–30 所示。

（2）技术要求。车轮转动时应平稳、无异响。

图 5-2-29　安装车轮

图 5-2-30　检查车轮转动情况和噪声

4）紧固车轮。

（1）操作方法。

①降下车辆。

②选择合适套筒、延伸杆装入扭矩扳手中。

③把扭矩扳手调到规定扭矩的 1/2，按对角顺序紧固轮毂螺母。

④把扭矩扳手调到规定的扭矩，按对角顺序紧固轮毂螺母。

（2）技术要求。轮毂螺母的紧固扭矩符合《维修手册》的规定。

提示：在进行轮胎检查的同时，应进行轮胎换位，以防止轮胎偏磨。轮胎换位在车辆每行驶 10000km 时进行。车轮的换位方式如图 5-2-31 所示。

提示：轮胎花纹不对称的为方向性轮胎。方向性轮胎胎侧有箭头或英文 Outside 标示，表示外侧的意思。

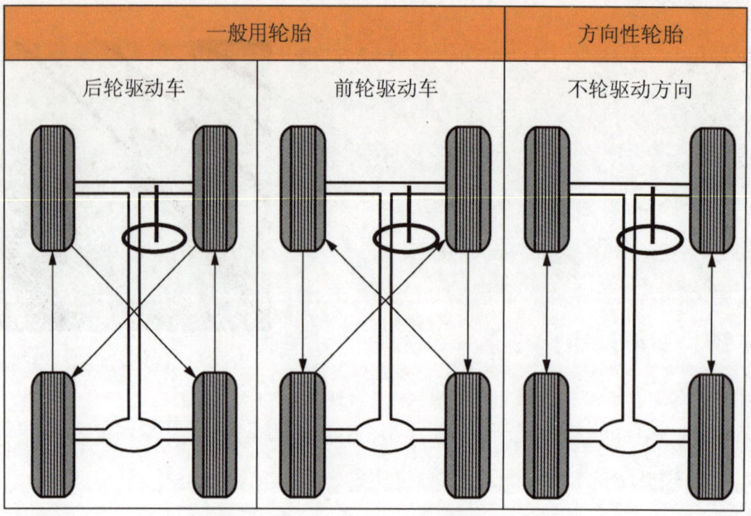

图 5-2-31　四轮汽车轮胎换位方式

任务检验

任务结束后，完成以下项目工作页。

<table>
<tr><td>班级</td><td>姓名</td><td>项目名称</td><td>完成日期</td><td>成绩</td><td rowspan="6">自我评价</td></tr>
<tr><td></td><td></td><td></td><td></td><td></td></tr>
<tr><td>项　目</td><td colspan="4">内容</td></tr>
<tr><td rowspan="3">1. 车灯检的检查调整
2. 喷洗器与刮雨器的检查、调整
3. 喇叭、方向盘检查、调整
4. 制动器的检查、调整</td><td colspan="4">1. 写出下图开关档位功能
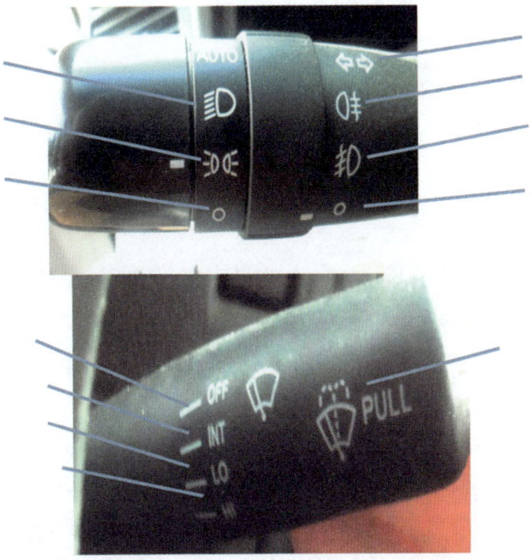
</td></tr>
<tr><td colspan="4">2. 写出下图车灯名称
</td></tr>
<tr><td colspan="4">3. 与同学讨论制作一份车身电器及方向盘、制动器的检查、调整作业工单</td></tr>
</table>

任务三　车身部件及汽车底部的检查、紧固作业

任务导入

一家4S店接到客户预约，两天后开一辆1.8L的卡罗拉轿车来进行二级维护。车身部件及汽车底部的检查、紧固作业也是二级维护中的一项重要的维护与保养项目，如果你是技术员，你应知道哪些知识、做哪些准备、按什么流程进行操作呢?

知识储备

一、检查目的

了解车身及汽车底部安全部件的状况，掌握它们存在的故障或隐患，便于及时检修，确保车辆正常、安全地使用。

二、作业内容

(1) 检查座椅、车门、发动机舱盖螺栓、行李箱盖螺栓、螺母的紧固情况。

(2) 检查悬架、安全带、门灯开关、油箱盖、车灯总成技术状况及车身的倾斜情况。

(3) 检查车辆底部冷却液、机油等油液的渗漏情况。

(4) 检查车辆底部部件安装、损坏情况及连接件螺栓、螺母的紧固情况。

三、操作注意事项

(1) 不要随意进入车内起动车辆。

(2) 不能随意按动举升机操纵开关。

(3) 升降车辆时人员不能留在车内，并确保举升机周围无杂物和其他障碍物。

(4) 举升车辆时，操作人员要发出“升（降）车请注意”的警示。

(5) 检查排气管时要戴好劳保手套。

任务实施

一、准备工作

(1) 拉起油箱盖、行李箱盖、发动机舱盖释放杆。

(2) 顶灯开关拨到DOOR位置。

(3) 降下风窗玻璃。

(4) 变速杆置于N（空挡）位。

(5) 充足轮胎气压。

二、操作过程

1. 检查座椅螺栓紧固状况（前后座椅检查方法相同）(图 5-3-1)

1）操作方法

(1) 抓住座椅侧面边缘，如图 5-3-1 所示。

(2) 往两侧前门方向推拉座椅。

2）技术要求

螺栓紧固正常，无异常松动。

图 5-3-1　检查座椅

2. 检查安全带状况（前后安全带检查方法相同）

1）操作方法

(1) 检查肩带和跨带是否有损坏、刮痕，如图 5-3-2 所示；检查导向器是否上下灵活移动。

(2) 检查肩带安全锁定功能是否正常有效。

(3) 检查扣环的锁止功能是否正常有效。

2）技术要求

安全带表面无损伤、无刮痕，导向器、扣环的锁止功能正常有效。

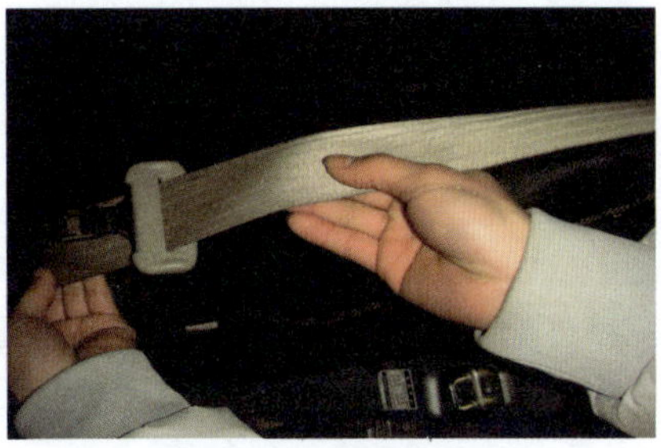

图 5-3-2　检查安全带

3. 检查车门（4 门相同）

检查车门，如图 5-3-3 所示。车门螺栓应紧固正常，铰链灵活、无异响。

图 5-3-3　检查车门

4. 检查门灯开关

打开车门，门控灯、指示灯应点亮；关闭车门，门控灯、指示灯应熄灭。

5. 检查车门儿童安全锁（后车门）

1）操作方法

安全锁往下拨到底。关上车门，检查能否从车内打开车门。

2）技术要求

锁止儿童安全锁（图 5-3-4）后，不能从车内打开后车门。

图 5-3-4　锁止儿童安全锁

图 5-3-5　检查油箱盖 O 形垫、真空阀

6. 检查燃油油箱盖（图 5-3-5）

1）操作方法

观察密封垫是否变形、损坏；装上并旋紧油箱盖能否发出“咔嗒”声并能自由转动；观察附件弹簧是否正常有效。

2）技术要求

O 形橡胶垫无变形、凹陷、损伤，扭矩限制器工作正常。

7. 检查悬架（前后悬架检查方法相同）

1）检查减振器的缓冲力

（1）操作方法。双手按压汽车后部，上下按压一松开车身，确定减振器缓冲力的大小（图 5-3-6），检查车身停止摇动需要多长时间。

（2）技术要求。减振器缓冲力应平缓有效。

2）检查车身是否倾斜（前后车身检查方法相同）

（1）操作方法。目测车辆是否倾斜，如图 5-3-7 所示。车身倾斜的应检查轮胎气压、车辆负荷分配情况。

（2）技术要求。车身无倾斜现象。

图 5-3-6　检查减振器缓冲力

图 5-3-7　检查车身是否倾斜

8. 检查车灯总成

1）操作方法

（1）目测车灯灯罩表面是否有脏污、损坏，罩内是否有积水。

（2）用手轻轻推动灯罩，检查车灯总成是否松动，如图 5–3–8 所示。

2）技术要求

车灯表面无刮痕、无损伤、无脏污，总成无异常松动，内部无积水。

图 5-3-8　检查车灯总成

9. 检查备用轮胎

备用轮胎及其安装位置如图 5–3–9 所示，其操作方法、技术要求与车轮轮胎相同。

图 5-3-9　备用轮胎及其安装位置

10. 检查行李箱盖、发动机舱盖

1）操作方法

操作方法如图 5–3–10 和图 5–3–11 所示

图 5-3-10　检查行李箱盖

图 5-3-11　检查发动机舱盖

2）技术要求

行李箱盖、发动机舱盖螺栓无异常松动。

11. 检查汽车底部油液泄漏情况

1）操作方法

（1）检查发动机油、变速器油是否泄漏（图 5–3–12 和图 5–3–13）。观察机油油底壳、排油螺塞、油封、机油滤清器接触面是否存在油液渗漏现象。

图 5-3-12 检查机油是否渗漏

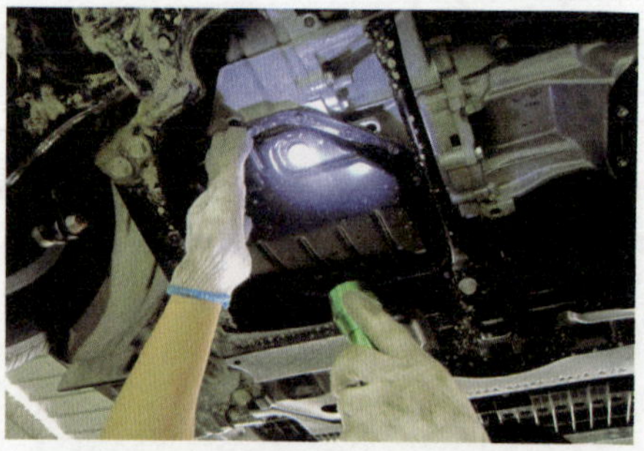

图 5-3-13 检查变速器油是否渗漏

（2）检查转向助力油是否泄漏（图 5-3-14）。观察转向助力器油管接口是否存在油液渗漏现象。

（3）检查制动液是否泄漏（图 5-3-15）。检查前后轮制动软管、制动卡钳、排气螺塞、制动管路是否存在油液渗漏情况。

图 5-3-14 检查转向助力液是否渗漏

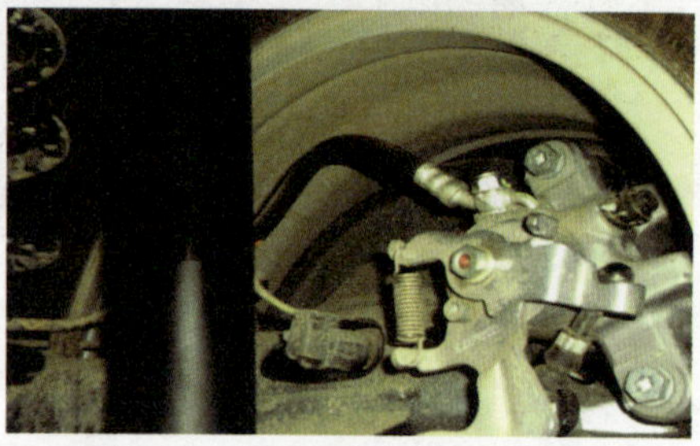

图 5-3-15 检查制动液是否渗漏

（4）检查减振器油是否泄漏，如图 5-3-16 所示。

（5）检查燃油是否泄漏。检查燃油管路、燃油箱、燃油滤清器是否存在油液渗漏现象。

2）技术要求

油底壳、排油螺塞、油封、机油滤清器、燃油滤清器、软管等部位不应有油液渗漏现象。若有渗漏现象，则应进行检修。

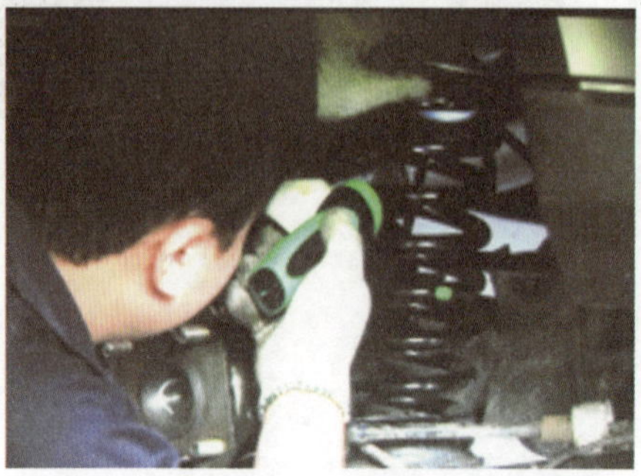

图 5-3-16 检查减振器油是否渗漏

图 5-3-17 检查驱动轴护套、卡箍

12. 检查汽车底部螺母、螺栓紧固情况

1）检查驱动轴护套、卡箍、润滑脂

（1）操作方法。目视驱动轴护套、卡箍，如图 5–3–17 所示。

（2）技术要求。护套无裂纹及其他损坏；卡箍安装正确；无损坏；无润滑脂泄漏现象。

2）检查转向连接机构

（1）操作方法。目视并晃动横拉杆等连接件，如图 5–3–18 所示。

（2）技术要求。横拉杆应无松动，无摆动，无弯曲，无损坏。

图 5-3-18　转向横拉杆连接杆

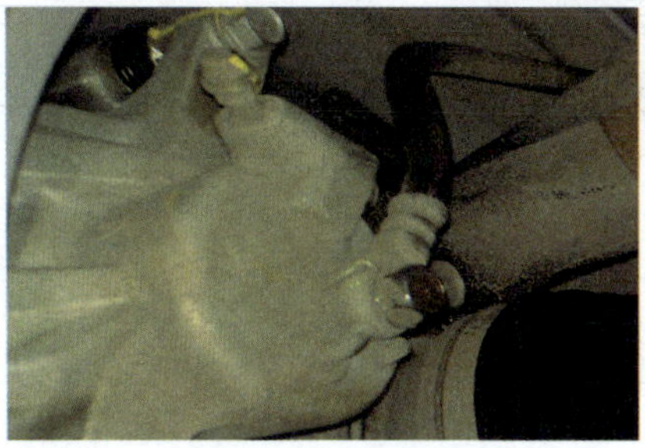

图 5-3-19　制动软管

3）检查前、后制动软管（图 5–3–19）

（1）操作方法。把前转向轮转到最大角度，观察制动软管是否碰到车轮。直接观察后制动软管。

（2）技术要求：制动软管不与车轮碰刮。

4）检查燃油管、制动管

燃油管、制动管应无扭曲、凹瘪。

5）检查排气管接头、吊耳、消声器

（1）操作方法。观察排气管接头（图 5–3–20）、吊耳（图 5–3–21）、消声器 。

（2）技术要求。接头应无黑色废气泄露痕迹，吊耳、消声器无松脱、损坏。

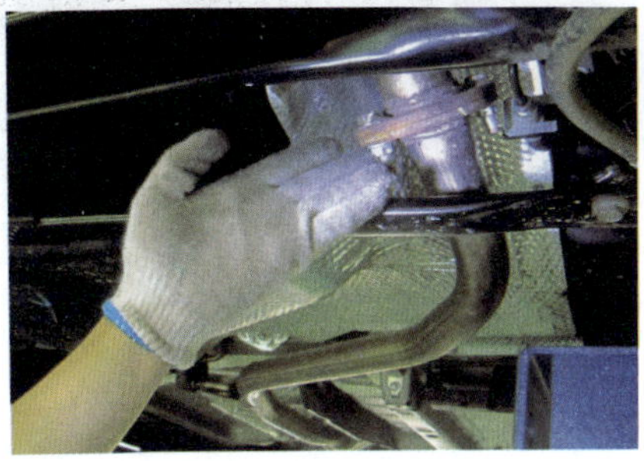

图 5-3-20　检查排气管接头

图 5-3-21　检查排气管吊耳

6）检查悬架（前后悬架检查方法、技术要求相同）

（1）检查损坏情况。

①操作方法。观察万向节、减振器、减振弹簧（图 5–3–22）、稳定杆、下臂等组件。

②技术要求。悬架各组件应无弯曲、变形、裂纹等损坏现象。

（2）检查减振器上有无油液渗漏痕迹。

（3）检查连接摆动情况。

①操作方法。用手上下摇晃稳定杆、横拉杆连接杆（图 5–3–23），观察衬套外围。

②技术要求。稳定杆、横拉杆连接无异常松动，无损坏；衬套无裂纹、损坏。

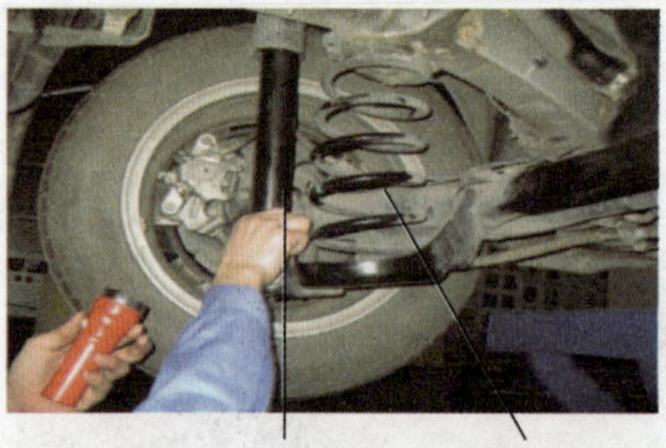

图 5-3-22　检查减振器和减振弹簧

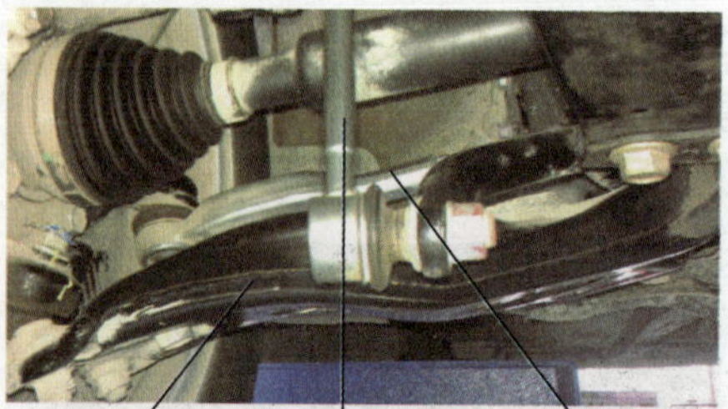

图 5-3-23　检查连接摆动情况

7）检查汽车底部螺栓、螺母紧固情况

中间梁—车身、下臂—横梁、球节—下臂、横梁—车身、下臂—横梁、中间梁—横梁、盘式制动器扭矩板—万向节、球节—万向节、减振器—万向节、稳定杆连接杆—减振器、稳定杆—稳定杆连接杆、转向机外壳—横梁、稳定杆—车身、横拉杆端头锁止螺母、横拉杆端头—万向节、拖臂和桥梁—车身、拖臂和桥梁—后轮毂、制动分泵—背板、稳定杆—拖臂和桥梁、减振器—拖臂和桥梁、减振器—车身。

(1)操作方法。用扭矩扳手或梅花扳手、套筒扳手按紧固的方向，检查车底各连接件螺栓、螺母是否松动（图 5–3–24 和图 5–3–25），紧固扭矩是否在规定范围。

(1) 技术要求。各连接件螺栓、螺母应无松动，紧固扭矩应在《维修手册》的规定范围内。

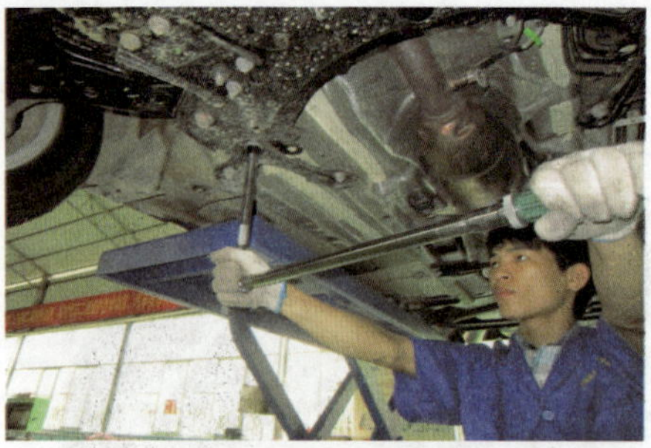

图 5-3-24　检查车底连接螺栓、螺母（一）

图 5-3-25　检查车底连接螺栓、螺母（二）

任务检验

任务结束后，完成以下项目工作页。

班级	姓名	项目名称	完成日期	成绩	自我评价
项　目	内容				
1. 车身内、外部件的检查 2. 汽车底部油液泄漏情况的检查 3. 汽车底部螺母、螺栓紧固情况的检查	1. 车身内、外部件的检查内容有哪些？有什么技术要求？ 2. 汽车底部油液泄漏情况的检查内容有哪些？ 3. 汽车底部螺母、螺栓紧固情况的检查内容有哪些？有什么技术要求？				

任务四　发动机舱各部件的检查、紧固作业

任务导入

一家 4S 店接到客户预约，两天后开一辆 1.8L 的卡罗拉轿车来进行二级维护。发动机舱各部件的检查、紧固作业是二级维护中其中一项维护与保养作业，如果你是技术员，你应知道哪些知识、做哪些准备、按什么流程进行操作呢?

知识储备

一、检查目的

了解发动机舱各部件状况，便于及时进行维护与检修，确保发动机正常运转及用车安全。

二、检查内容

（1）检查发动机连接件、前减振上支承螺母、蓄电池支架、冷却系统连接软管紧固情况。

（2）检查传动带松紧度、油液渗漏情况、火花塞燃烧情况、散热器盖密封性。

（3）检查冷却液冰点、电解液相对密度。

三、操作注意事项

（1）不能随意按动举升机开关。

（2）不能随意起动发动机。

（3）检查空调时，要保持发动机转速平稳、均匀，不能急加速。

（4）工作服的扣子要扣齐、扣牢，不能佩戴首饰进行作业。

任务实施

一、准备工作

（1）变速杆置于 P 位。

（2）拉满驻车制动杆行程。

（3）安放车轮挡块，安装三件套及前格栅布、翼子板布。

（4）释放发动机舱盖释放杆并打开发动机舱盖。

二、操作过程

1. 检查、紧固发动机连接件、前减振上支承螺母、蓄电池支架

1）操作方法

目视并用合适的工具检查发动机连接件、前减振上支承螺母（图 5–4–1）、蓄电池支架的紧固情况。

2）技术要求

发动机连接件无变形、裂纹，连接牢固；螺栓扭矩符合《维修手册》的规定。

图 5-4-1 前减振上支承螺母

2. 检查冷却系统连接软管、卡箍

1）操作方法

用手摇动软管及卡箍（图 5–4–2）检查是否有泄漏或松动。

2）技术要求

冷却系统软管无鼓包，无裂纹；卡箍安装牢固。

图 5-4-2 检查冷却系连接软管、卡箍

3. 检查传动带

1）操作方法

目视检查传动带（图 5–4–3）并用传动带张力仪（图 5–4–4）测量带张力，如图 5–4–5。

图 5-4-3 汽车传动带

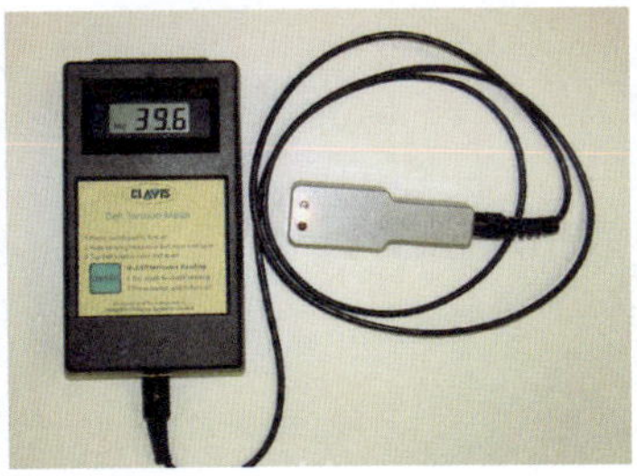

图 5-4-4 传动带张力仪

图 5-4-5 传动带张力仪的用法

2）技术要求

传动带无裂纹、脱层，松紧度符合车辆《维修手册》的规定。

4. 检查各油液连接管路

1）操作方法

目视转向液、制动液等油液连接管路表面及接触面。

2）技术要求

各油液连接管路无凹瘪，无渗漏，无扭曲。

5. 检查火花塞

1）操作方法

目视火花塞表面（图 5–4–6）并用 0.8~1.0mm 的塞尺测量电极间隙，取火花塞进行跳火检验。

2）技术要求

电极间隙符合规定值，表面清洁，绝缘陶瓷无断裂，电火花连续、集中，每运行 20000~25000km 需更换。

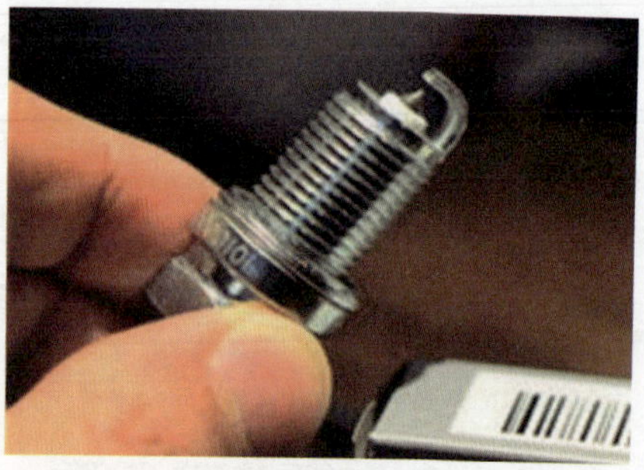

图 5-4-6 火花塞

6. 检查散热器盖

1）操作方法

目视橡胶垫是否有裂纹或损坏，用手按压或拉动压力阀（应在发动机冷机状态下打开散热器盖）。

2）技术要求

散热器盖（图 5–4–7）垫片应完整正常，压力阀操作平顺有效、无变形锈蚀。

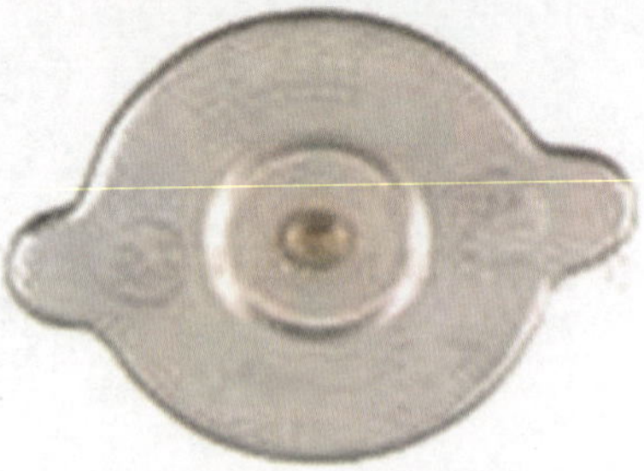

图 5-4-7 散热器盖

7. 检查蓄电池

1）操作方法

目视蓄电池端盖、外壳有无变形、鼓胀，加液孔盖透气孔有无堵塞，极柱有无氧化，电解液液面是否合适；用手摇动电缆线夹是否松动。

2）技术要求

电解液液面应在 max 与 min 刻度线之间，极柱应无氧化，电缆线夹无生锈、松动，外壳无变形、鼓胀。

8. 检查冷却液冰点或电解液相对密度

1）操作方法

用吸管吸入少许冷却液或电解液，打开便携式折射计盖子，在折射计玻璃上滴入 1 或 2 滴冷却液或电解液，从观察窗观察并读出冷却液冰点或电解液相对密度，如图 5–4–8 和图 5–4–9 所示。

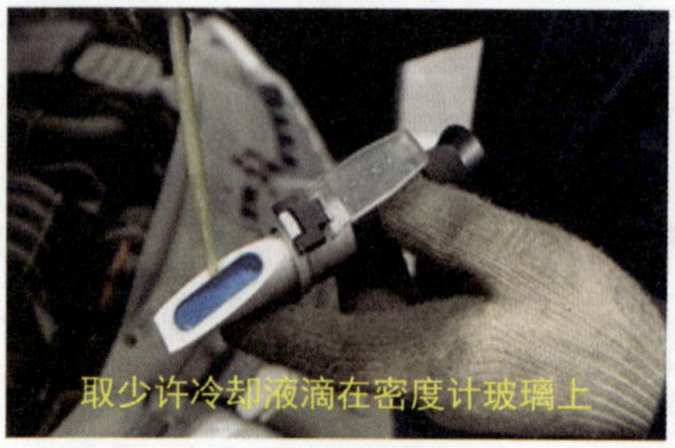

图 5-4-8 检查冷却液冰点

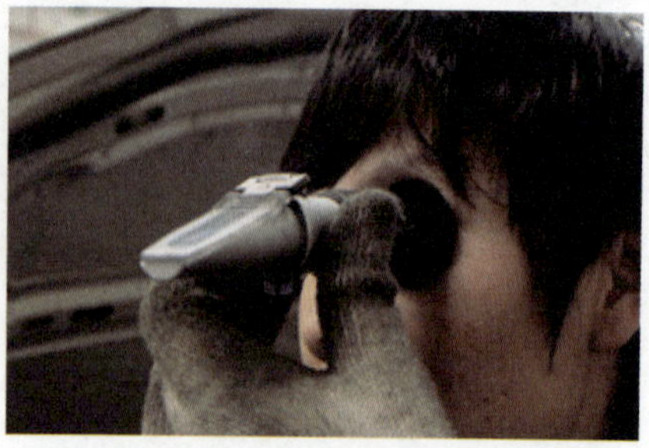

图 5-4-9 察看冷却液冰点

2）技术要求

折射计玻璃要水平放置，冷却液冰点或电解液相对密度应符合规定。

任务检验

任务结束后，完成以下项目工作页。

<table>
<tr><td>班级</td><td>姓名</td><td>项目名称</td><td>完成日期</td><td>成绩</td><td>自我评价</td></tr>
<tr><td></td><td></td><td></td><td></td><td></td><td rowspan="4"></td></tr>
<tr><td>项　目</td><td colspan="4">内容</td></tr>
<tr><td rowspan="2">发动机舱的检查</td><td colspan="4">1. 写出发动机舱的检查内容和技术要求</td></tr>
<tr><td colspan="4">2. 制作一份发动机舱检查流程工单</td></tr>
</table>

项目小结

1. 二级维护由汽车维修企业负责完成，维护周期一般为 15000~20000km。

2. 二级维护包括基本维护作业和附加作业

3. 二级维护的维护内容主要包括：

汽车油液的检查、补给及部件的润滑作业、车身电器及方向盘、制动器的检查、调整作业、车身部件及汽车底部的检查、紧固作业、发动机舱各部件的检查、紧固作业。

4. 二级维护经竣工检验合格后，方可交车出厂。

思考与练习

1. 为什么要对车辆进行二级维护？

2. 二级维护项目主要有哪些？

3. 写出车辆二级维护从进厂到出厂的检验流程。

4. 小组成员协助制定一份二级维护基本项目维护流程工单。

项目六　雪佛兰汽车 40000km 维护作业

汽车 40000km 维护保养项目包含了一级保养、二级保养项目，保养的项目多、费用高、耗时长，是汽车必做的保养项目。现从车辆举升位置及检测项目详细介绍雪佛兰轿车 40000km 保养的内容、操作流程、技术要求、操作步骤。

车辆举升位置及检查项目

举升位置	图示	检查项目
位置一		车灯； 玻璃清洗器和刮水器； 喇叭和转向盘； 驻车制动器和行车制动器； 车身内、外部件
位置二		球节（省略不做）
位置三	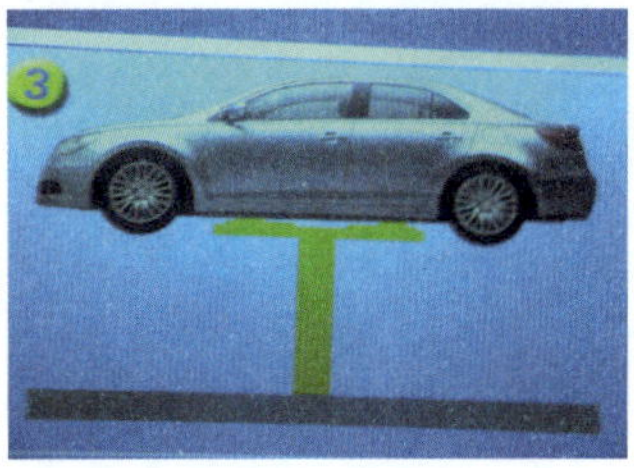	发动机机油（排放）； 汽车底部油液泄漏情况； 驱动轴护套、油管； 转向连接机构； 排气管及安装件、悬架； 安装件紧固螺母、螺栓
位置四		车轮轴承； 拆卸、检查车轮； 拆卸、检查盘式制动器； 拆卸、检查鼓式制动器； 制动器拖滞情况； 安装车轮

位置五		制动器拖滞情况
位置六	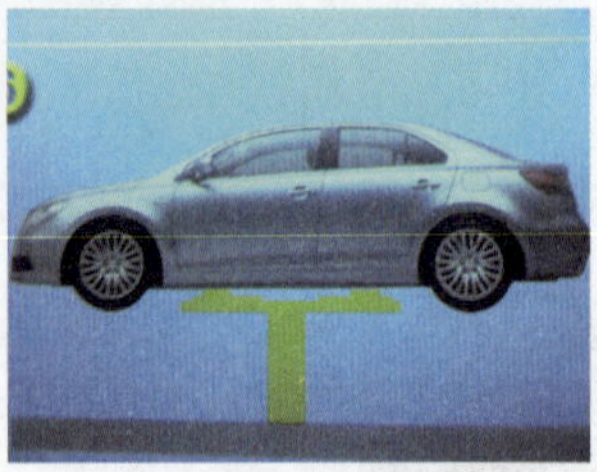	安装车轮
位置七		发动机机油（加注）、蓄电池、冷却液、电解液冰点、散热器盖、制动液、制动管路、离合器液、炭罐、空气滤清器、传动带、火花塞、紧固车轮、PCV 系统、空调、转向助力液、减振上支承座、机油
位置八		复检
位置九		恢复清洁

任务一　车内三件套的安放

任务导入

一辆雪佛兰轿车进 4S 店进行四万公里保养。你是 4S 店的技术员，接车后你该做哪些准备、进行哪些安全防护、怎样做呢？

知识储备

一、安放三件套的目的

防止操作人员弄脏座椅、变速杆、转向盘、车厢地板。

二、作业内容

作业内容包括：①安放地板垫，②安装变速杆套，③安装转向盘套，④安装座椅套。

三、操作注意事项

(1) 三件套为易损件，安装时要防止撕破。

(2) 进入车辆前要安放车轮挡块。

(3) 不要随意进入车内起动发动机。

(4) 不能随意按压举升机操纵开关。

任务实施

一、准备工作

(1) 安放车轮挡块（图 6–1–1）。

目的：防止误操作造成车辆移动。

位置：安放在前轮驾驶员一侧，或放置后轮。

技术要求：车轮挡块紧贴胎面边缘。

(2) 拉满驻车制动杆行程。

(3) 变速杆置于 P 位。

图 6-1-1　安放车轮挡块

二、操作过程

1. 安放地板垫（图 6-1-2）

1）操作步骤

(1）把地板垫展开，有字母或文字的一面朝上。

(2）把地板垫平放在转向盘下方地板上。

2）技术要求

地板垫要完全贴合地板。

图 6-1-2　安放地板垫

2. 安装变速杆套（图 6-1-3）

1）操作步骤

(1）把变速杆套轻轻套入变速杆。

(2）把护套拉直，套入位。

2）技术要求

变速杆套要安装到位、完全贴合变速杆。

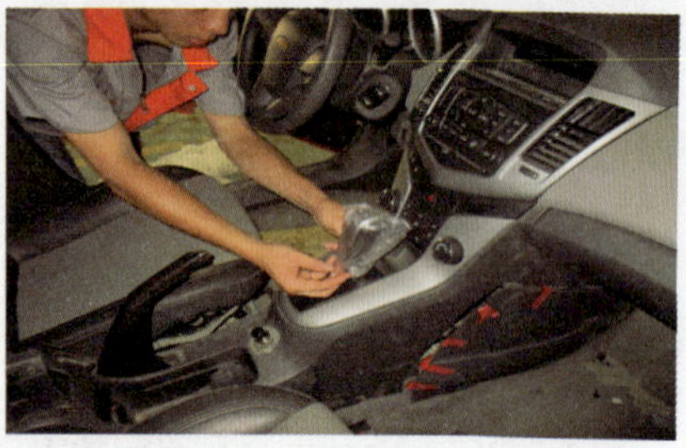

图 6-1-3　安装变速杆套

3. 安装转向盘套（图 6-1-4）

1）操作步骤

(1）安装转向盘的上端。

(2）把整个转向盘套入方向盘套。

2）技术要求

转向盘套要安装到位、完全贴合方向盘。

图 6-1-4　安装转向盘套

4. 安装座椅套（图 6-1-5）

1）操作步骤

(1）双手捏住座椅套的边角。

(2）把座椅套从座椅靠背上部套入，并轻轻拉下。

(3）按照座椅的形状将座椅套完整套入下端，并紧贴座椅。

2）技术要求

座椅套要安装到位、完全贴合座椅，力度轻巧、合适。

图 6-1-5　安装座椅套

任务检验

任务结束后，完成以下项目工作页。

<table>
<tr><th>班级</th><th>姓名</th><th>项目名称</th><th>完成日期</th><th>成绩</th><th>自我评价</th></tr>
<tr><td></td><td></td><td></td><td></td><td></td><td rowspan="4"></td></tr>
<tr><td>项 目</td><td colspan="4">内容</td></tr>
<tr><td>安装三件套</td><td colspan="4">写出三件套安放的目的及安放时的注意事项</td></tr>
<tr><td>安放车轮挡块</td><td colspan="4">写出安放的目的及安放时的注意事项</td></tr>
</table>

任务二 发动机舱油液的检查

任务导入

一辆雪佛兰轿车进4S店进行四万公里保养。发动机舱油液的检查或更换是其中一项检查项目，你是4S店的技术员，接车后你该做哪些准备、怎样做呢？

知识储备

一、检查目的

了解油液的液位、质量，防止液位偏低、质量下降而使发动机功率下降、车辆部件加速磨损。

二、作业内容

作业内容包括：①检查发动机机油；②检查冷却液液面；③检查清洗液液面；④检查制动液液面。

三、操作注意事项

（1）三件套为易损件，安装时要防止撕破。

（2）进入车辆前要安放好车轮挡块。

（3）不要随意进入车内起动车辆。

（4）不能随意按动举升机操纵开关。

（5）油液不要与皮肤直接接触。

任务实施

一、准备工作

（1）安放车轮挡块。

（2）拉满驻车制动杆行程（图6-2-1）。

（3）起动、预热发动机2~3min。

（4）释放发动机舱释放杆（图6-2-2）。

（5）打开发动机舱盖（图6-2-3～图6-2-5）。

（6）安放前格栅布、翼子板布（图6-2-6和6-2-7）。

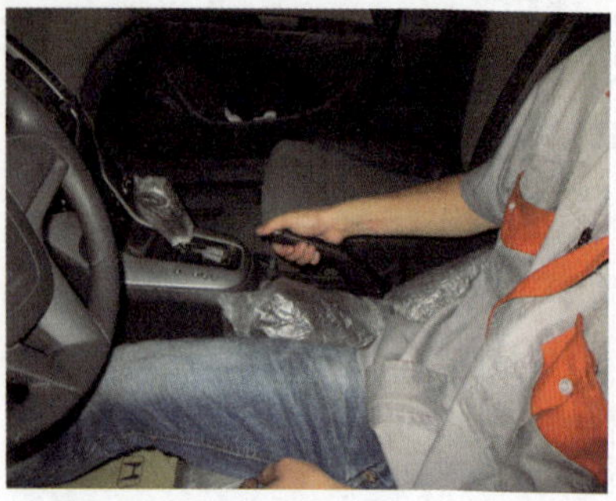

图6-2-1 拉满驻车制动杆行程

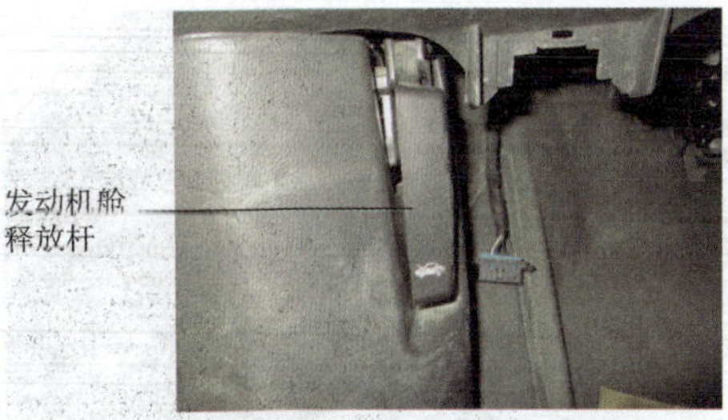

图 6-2-2　发动机舱盖释放杆

图 6-2-3　拉起发动机舱释放杆

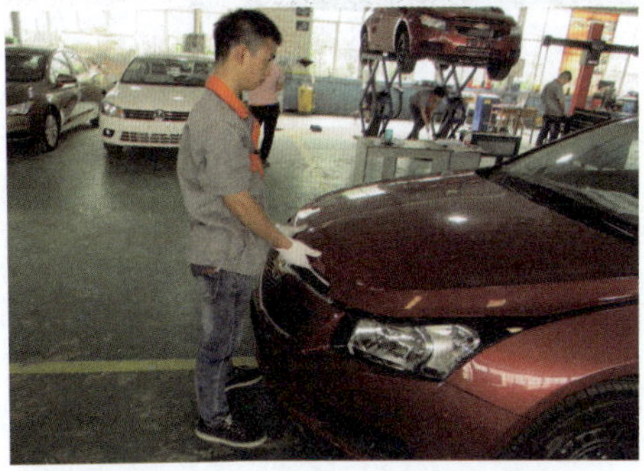

图 6-2-4　拨开机舱盖锁拉手

图 6-2-5　掀起并用支撑杆支撑机舱盖

图 6-2-6　安放前格栅布

图 6-2-7　安放翼子板布

二、操作过程

1. 检查发动机机油

1）检查目的

防止发动机因缺油运转而造成功率下降、机件损坏等。

2）检查内容

检查液位和油质。

3）操作步骤

(1）拔出机油尺，将油尺用干净的抹布擦拭干净（图 6-2-8）。

(2）将油尺再次插入机油导管中，并注意要放到底，如图 6-2-9 所示。

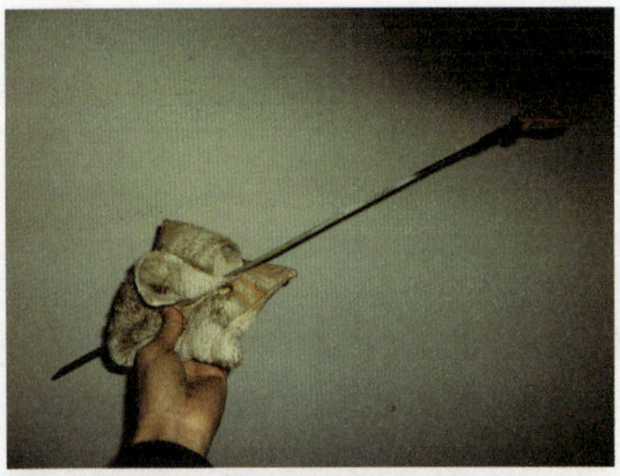

图 6-2-8 拉出并擦拭油尺

图 6-2-9 检查油位

(3) 拔出油尺并使油尺与地面约成 45°角，检查机油是否在 F 与 L 刻度线中间，如图 6-2-10 所示。不足的则加到正常刻度线范围内。

(4) 检查完毕将油尺插回发动机中。

4) 技术要求

机油液位应在油尺刻度线 F 与 L 之间（最好在 F 与 L 中间偏上位置）。

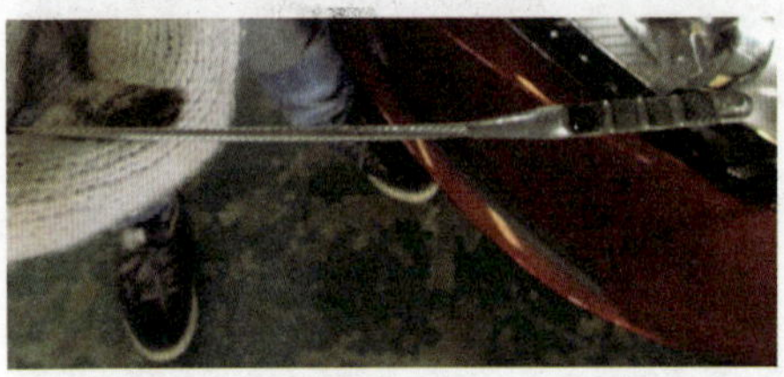

图 6-2-10 拔出并检查机油油尺

图 6-2-11 检查冷却液

2. 检查冷却液（图 6-2-11）

1) 检查目的

确保有足够的冷却液，防止发动机运转时散热不良、过热、功率下降，甚至造成机件损坏。冷却液一般呈红色或绿色，不足时应及时添加。

2) 检查内容

检查冷却液液位和质量。

3) 操作步骤

(1) 用手轻轻拍打冷却液储液罐。

(2) 观察冷却液液位是否在 max 与 min 刻度线之间（图 6-2-12），不足时应及时添加（应添加专用冷却液，特别是北方地区的车辆，否则会因冷却液结冰造成水管破裂及散热器损坏）。

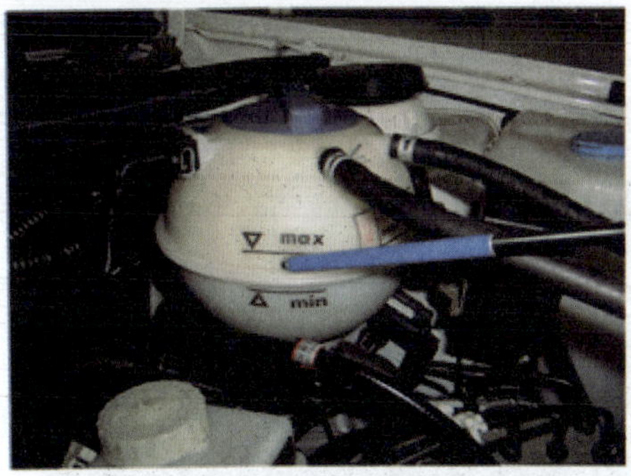

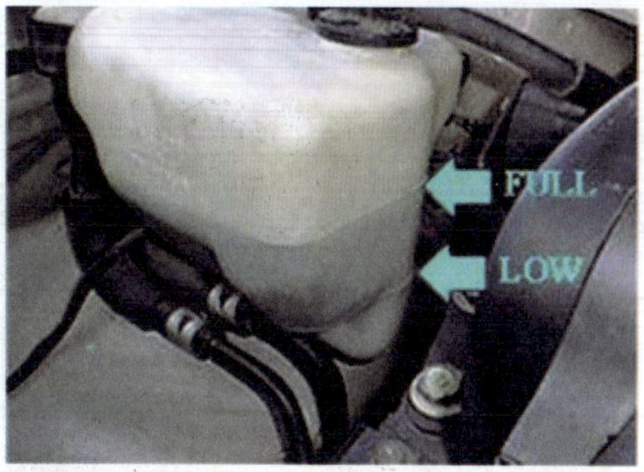

图 6-2-12　冷却液液位刻度线

4）技术要求

冷却液液位应在 max 与 min 刻度线之间（最好在中间偏上位置）。

3．检查制动液

1）检查目的

防止出现因制动液减少而使辆制动效果下降，甚至制动失灵的现象，造成车辆运行时存在安全隐患或产生安全事故。颜色制动液一般呈淡黄色，更换周期一般为两年或四万公里 40000km。

2）检查内容

检查制动液液位和质量。

3）操作步骤

(1）用手轻轻拍打制动液储液罐（图 6–2–13）。

(2）观察制动液液位是否在 max 与 min 刻度线之间（图 6–2–14），不足时应及时添加。

图 6-2-13　制动液储液罐

图 6-2-14　检查制动液液位

4）技术要求

制动液液位应在 max 与 min 刻度线之间（最好在中间偏上位置）。

4．检查风窗清洗液液位

1）操作步骤

(1）用手轻轻拍打储液罐。

(2) 观察清洗液液位是否在 max 与 min 刻度线之间（图 6-2-15），不足时应及时添加。

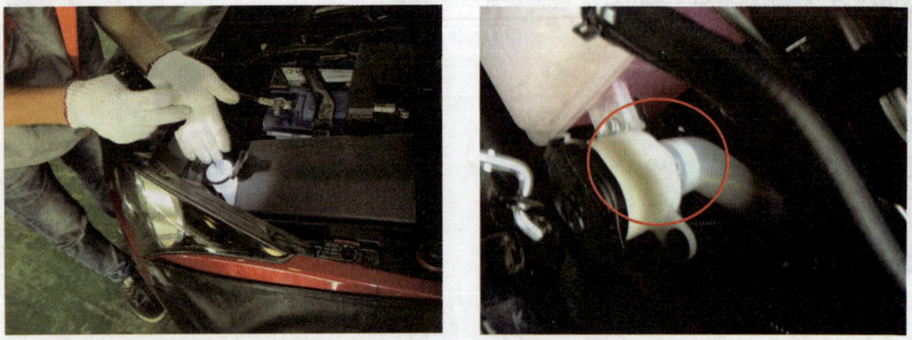

图 6-2-15 检查风窗清洗液液位

2）技术要求

液位应在 max 与 min 刻度线之间位置，如果液位偏低就要立即补充。

任务检验

任务结束后，完成以下项目工作页。

班级	姓名	项目名称	完成日期	成绩	自我评价
项　目	内容				
发动机舱油液的检查	1. 发动机舱油液分别有哪几种？				
	2. 各油液的作用是什么？				
	3. 各油液的正常液位是什么？				

任务三　汽车车灯的检查

任务导入

一辆雪佛兰轿车进4S店进行四万公里保养。车灯的检查的是其中一项检查项目，你是4S店的技术员，接车后你该做哪些准备、怎样做呢？

知识储备

一、检查目的

及时发现车灯故障或存在的隐患，确保行车安全。

二、作业内容

（1）检查汽车前部车灯（示宽灯、雾灯、远近光灯、闪光灯、转向灯、危险警告灯）。

（2）检查汽车后部车灯（示宽灯、牌照灯、雾灯、转向灯、危险警告灯、制动灯、倒车灯）。

（3）检查汽车内部车灯（顶灯、仪表照明灯、开关照明灯、指示灯、仪表警告灯）。

三、操作注意事项

（1）进入车辆前要安放好车轮挡块。

（2）不要随意进入车内起动发动机。

（3）不能随意按动举升机操纵开关。

（4）要逐个挡位操纵开关，并避免粗暴操作。

任务实施

一、准备工作

准备工作包括：①安放车轮挡块；②拉满驻车制动杆行程；③变速杆置于P位。

二、操作过程

1. 检查汽车前部车灯

1）检查前示宽灯

（1）操作步骤。

①技师把车灯操纵手柄逆时针转动，使白色标记“—”对齐示宽灯符号位置（图 6–3–1），并发出“检查示宽灯”的指示，同时检查仪表照明灯是否正常点亮。

②助手在车外用手势配合，并发出“正常点亮”的提示。

（2）技术要求。

前左、右示宽灯、仪表灯正常点亮。前示宽灯点亮的示例如图 6–3–2 所示。

图 6-3-1　示宽灯符号位置

图 6-3-2　前示宽灯点亮

2）检查远近光灯

（1）操作步骤。

①技师逆时针转动车灯操纵手柄，使白色标记“—”对齐变光符号位置（图 6–3–3），把开关轻轻往前（后）推（拉）动，并发出“检查远（近）光灯”的指示，同时检查远（近）光指示灯是否点亮。

②助手在车外用手势配合，并发出“正常点亮”的提示。

图 6-3-3　检查前照灯

图 6-3-4　远（近）光灯点亮

（2）技术要求。

前左、右远（近）光灯、远（近）光指示灯正常点亮。远（近）光灯点亮的示例如图 6–3–4 所示。

3）检查闪光灯

（1）操作步骤。

①技师把车灯操纵手柄快速地轻轻往后拉、放，并发出“检查闪光灯”的指示。

②助手在车外用手势配合，并发出“正常点亮”的提示。

（2）技术要求。

前左、右闪光灯正常点亮。

4）检查前转向灯

（1）操作步骤。

①技师把转向开关往上、下方拨动，听到“咔嗒”声后停止拨动（图 6-3-5），并发出“检查左（右）转向灯”的指示，同时检查转向指示灯是否闪烁。

②助手在车外用手势配合，并发出“正常闪烁”的提示。

（2）技术要求。

前左、右转向灯、指示灯正常闪烁。

图 6-3-5　检查转向灯

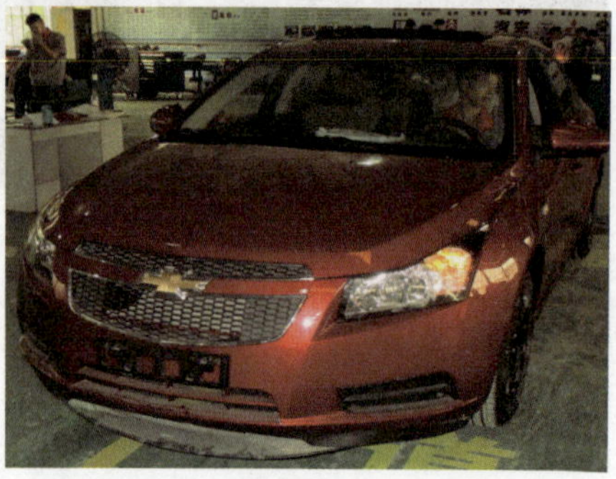

图 6-3-6　前左转向灯点亮

5）检查前危险警告灯

（1）操作步骤。

①技师把危险警告灯按钮（图 6-3-7）轻轻地按到底，并发出“检查危险警告灯”的指示，同时检查指示灯是否闪烁。

②助手在车外用手势配合，并发出“正常闪烁”的提示。

图 6-3-7　危险警告灯按钮

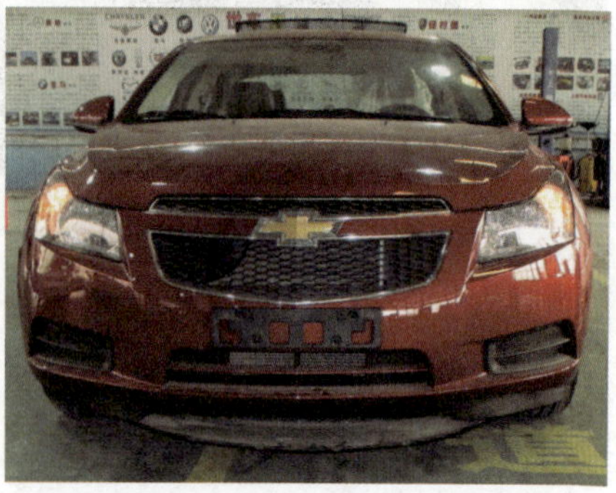

图 6-3-8　前危险警告灯点亮

（2）技术要求。

前左、右危险警告灯、指示灯正常闪烁。前危险警告灯点亮的示例如图 6-2-8 所示。

2. 检查汽车后部车灯

1）检查后示宽灯、牌照灯

（1）操作步骤。

①技师把车灯操纵手柄（图 6–3–9）并发出“检查示宽灯”“检查牌照灯”的指示。

②助手在车外用手势配合，并发出“正常点亮”的提示。

（2）技术要求。

后左、右示宽灯、牌照灯正常点亮。后示宽灯点亮的示例如图 6–3–10 所示。

图 6-3-9　检查后示宽灯

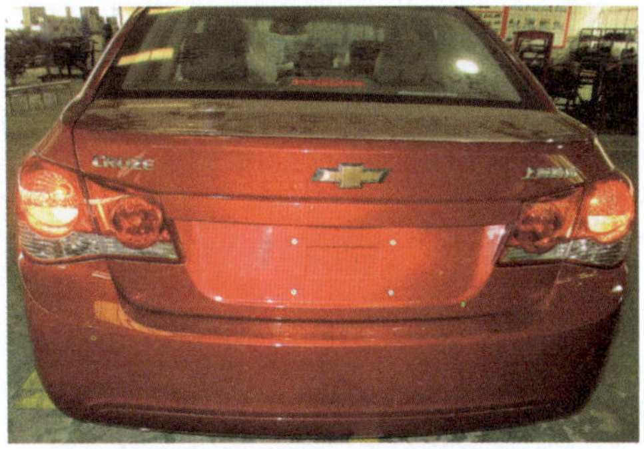

图 6-3-10　后示宽灯点亮

2）检查后转向灯

（1）操作步骤。

①技师往上、下方向轻轻拨动转向开关（图 6–3–11），听到“咔嗒”声后停止拨动，并发出“检查左（右）转向灯”的指示。

②助手在车外用手势配合，并发出“正常闪烁”的提示。

图 6-3-11　检查后转向灯

图 6-3-12　后左转向灯点亮

（2）技术要求。

后左、右转向灯、指示灯正常闪烁。在检查左、右转向灯的时候，转向盘应往相反方向转动，以此来检查转向灯开关的自动回位功能是否正常。后左转向灯点亮的示例如图 6–3–12 所示。

3）检查后危险警告灯（图 6–3–13）

（1）操作步骤。

①技师把危险警告灯按钮轻轻地按到底，并发出“检查危险警告灯”的指示。

②助手在车外用手势配合，并发出“正常闪烁”的提示。

（2）技术要求。

后左、右危险警告灯、指示灯正常闪烁。后危险警告灯点亮的示例如图 6–3–13 所示。

图 6-3-13　后危险警告灯点亮

4）检查转向开关自动回位功能

（1）操作步骤。

①上（下）转动变光器开关。

②顺（逆）时针转动转向盘约 90°，把转向盘复位，变光器开关应自动回到中间位置。

（2）技术要求。

变光器开关自动回位功能应正常有效。

5）检查制动灯

（1）操作步骤。

①技师踩下制动踏板，并发出“检查制动灯”的指示。

②助手在车外用手势配合，并发出“正常点亮”的提示。

（2）技术要求。

制动灯正常点亮（图 6–3–14）。

图 6-3-14　制动灯点亮

6）检查倒车灯（图 6–3–15）

（1）操作步骤。

①技师把倒车操纵杆置于 R 位置，并发出“检查倒车灯”的指示。

②助手在车外用手势配合，并发出“正常点亮”的提示。

（2）技术要求。

倒车灯正常点亮（图 6–3–16）。

图 6-3-15　检查倒车灯

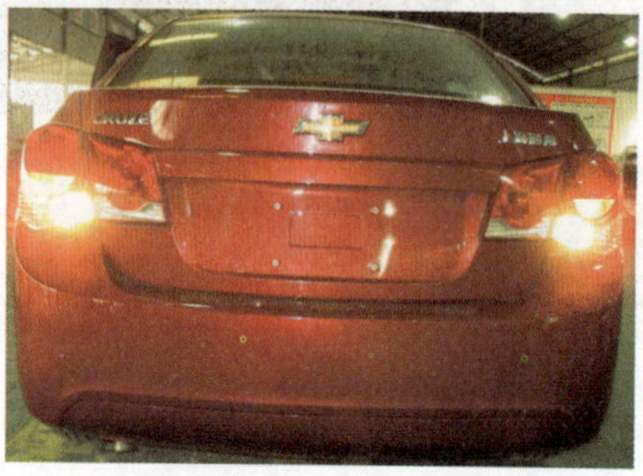

图 6-3-16　倒车灯点亮

3. 检查汽车内部车灯

1）检查顶灯、门灯（图 6–3–17、图 6–3–18）

图 6-3-17　顶灯点亮

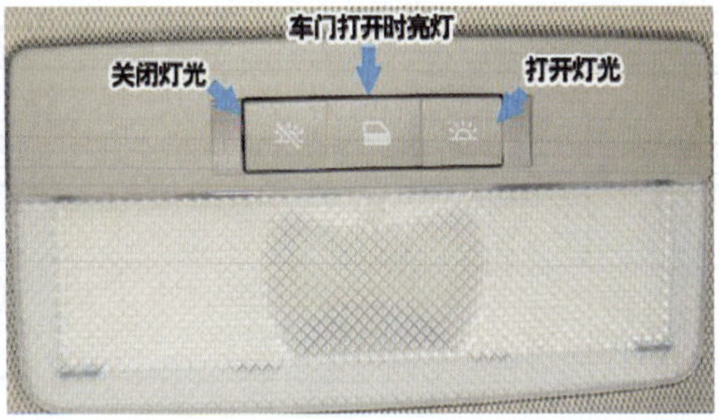

图 6-3-18　门灯开关

（1）操作步骤。

①按下顶灯开关，检查顶灯是否点亮。

②按下门灯开关并打开车门，检查门灯是否点亮。

（2）技术要求。

顶灯、门灯正常点亮。

2）检查仪表警告灯（图 6–3–19）

（1）操作步骤。

①将点火开关钥匙转到 ON 位置和起动发动机。

②技师自行检查各种仪表警告灯是否点亮和熄灭。

（2）技术要求。打开点火开关，各种仪表警告灯应点亮；起动发动机后，各种仪表警告灯应自行熄灭。

图 6-3-19 仪表警告灯点亮

任务检验

任务结束后，完成以下项目工作页。

<table>
<tr><td>班级</td><td>姓名</td><td>项目名称</td><td>完成日期</td><td>成绩</td><td rowspan="2">自我评价</td></tr>
<tr><td></td><td></td><td></td><td></td><td></td></tr>
<tr><td>项 目</td><td colspan="4">内容</td><td rowspan="4"></td></tr>
<tr><td rowspan="3">车灯检查</td><td colspan="4">1. 牌照灯在车灯操纵手柄什么挡位下点亮？</td></tr>
<tr><td colspan="4">2. 车灯操纵手柄在什么位置，前照灯可以变光？</td></tr>
<tr><td colspan="4">3. 看图并写出开关名称。
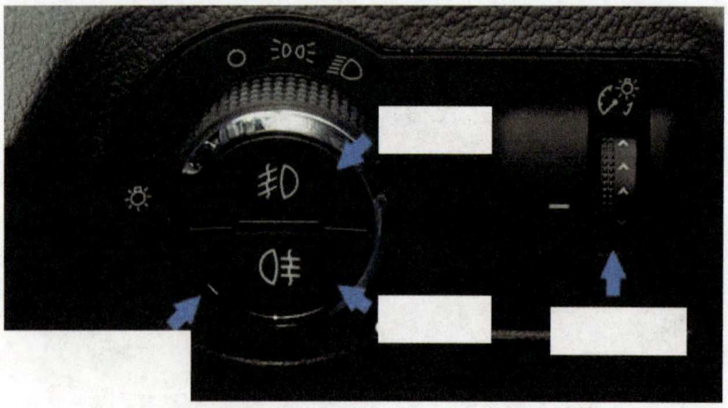</td></tr>
</table>

任务四　玻璃清洗器和刮水器的检查

任务导入

一辆雪佛兰轿车进 4S 店进行四万公里保养。玻璃喷洗器和刮水器的检查是其中另一项检查项目，你是 4S 店的技术员，接车后你准备怎样做呢?

知识储备

一、检查目的

了解刮水系统工作状况，发现并检修刮水系统存在的故障或隐患，确保行车安全。

二、作业内容

(1) 清洗器喷射压力、喷射位置及刮水器协同工作情况的检查。

(2) 刮水器挡位工作性能的检查。

(3) 刮水器刮水效果的检查。

(4) 刮水器复位功能的检查。

三、操作注意事项

(1) 进入车辆进行维护前要安放好车轮挡块。

(2) 不要随意进入车内起动车辆。

(3) 不能随意按动举升机操纵开关。

(4) 要逐个、轻巧地操纵刮水器开关。

(5) 打开刮水器前要先打开清洗器喷水清洗,并确认风窗玻璃上有无粗沙粒或其他杂物。

任务实施

一、认识刮水器开关

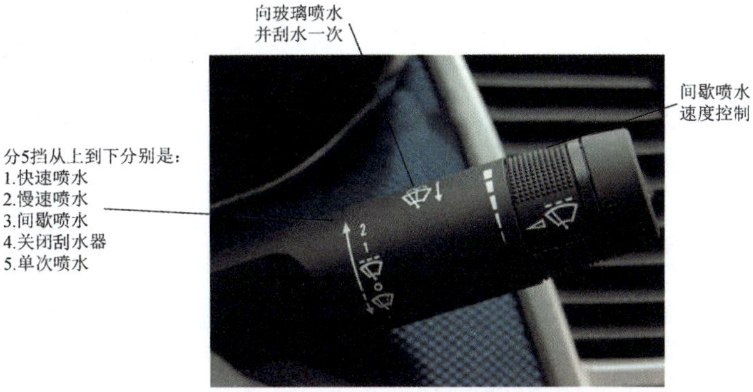

图 6-4-1　刮水器开关

清洗挡：开关拨到该挡，清洗器喷水,刮水器同时低速工作,清除风窗玻璃上细小的灰尘、积雪。该挡不能定位。

间歇挡：开关拨到该挡，刮水器间隔数秒低速工作。该挡一般在蒙蒙细雨天气使用。

低速挡：开关拨到该挡，刮水器连续低速工作。该挡一般在中小雨天气使用。

高速挡：开关拨到该挡，刮水器连续高速工作。该挡一般在大雨、暴雨天气使用。

二、清洗器和刮水器

1. 检查清洗器喷洗压力及刮水器的协同工作情况

1）操作步骤

（1）起动发动机。

（2）把清洗器开关（图 6–4–2）按箭头方向（驾驶员方向）轻轻拨满行程后固定数秒。

（3）检查清洗液是否喷射有力，喷射点是否在刮水器工作范围内，刮水器是否协同工作，如图 6–4–3 所示。

图 6-4-2　清洗器开关

图 6-4-3　清洗器喷射效果

2）技术要求

清洗液喷射有力，喷射点在刮水器工作范围内，刮水器协同工作。

2. 检查刮水器挡位的工作性能

1）操作步骤

（1）起动发动机。

（2）把刮水器挡位开关往下方拨，使“—”标记逐一对齐“间歇”“低速”“高速”挡。

（3）检查刮水器在不同挡位工作是否正常有效，刮水片刮水效果是否良好。

2）技术要求

各挡位工作应正常有效，刮水电机运转无异响，连杆连接可靠。

3. 检查刮水器的刮水效果的

1）操作步骤

（1）起动发动机。

(2) 刮水器挡位开关往下方拨，使“一”标记逐一对齐“间歇”“低速”“高速”挡。

(3) 检查刮水器在不同挡位工作时，刮水片刮水效果是否良好。

2) 技术要求

刮水器工作时，风窗玻璃上应无残留条纹状或波纹状水痕。

4. 检查刮水器的复位功能

1) 操作步骤

(1) 将刮水器挡位开关往上拨到 O（关）位置。

(2) 检查刮水器是否完全复位。

2) 技术要求

关闭刮水器开关后，刮水器应能完全回到风窗玻璃 下边缘（图 6-4-4）。

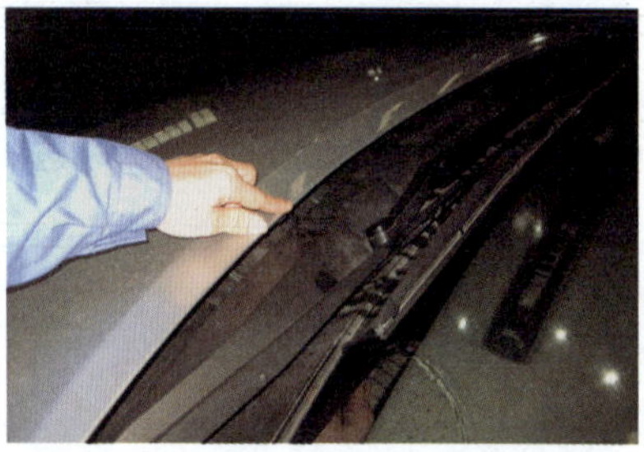

图 6-4-4　刮水器复位功能的检查

任务检验

任务结束后，完成以下项目工作页。

班级	姓名	项目名称	完成日期	成绩	自我评价

项 目	内容	
刮水器开关	1. 刮水器开关有哪几个挡位？分别在什么情况下使用？	
	2. 怎样判断刮水器各挡位工作是否正常有效？	
	3. 清洗器和刮水器检查的内容有哪些？	

任务五 喇 叭、转向盘的检查

任务导入

一辆雪佛兰轿车进 4S 店进行四万公里保养。喇叭、方向盘的检查是其中的一项检查项目，你是 4S 店的技术员，接车后你该做哪些准备、怎样做呢？

知识储备

一、检查目的

了解喇叭、转向盘的工作状况，发现喇叭、转向盘存在的故障或隐患，便于并及时检修，保证喇叭、转向盘工作正常，确保行车安全。

二、作业内容

(1) 检查喇叭的音量、音调。

(2) 检查转向盘的松动、摆动情况。

(3) 检查转向盘的自由行程。

(4) 检查转向盘的锁定功能。

三、操作注意事项

(1) 进入车辆进行维护前要安放好车轮挡块。

(2) 不要随意进入车内起动发动机。

(3) 不能随意按压举升机操纵开关。

任务实施

一、检查喇叭

1. 操作步骤

(1) 起动发动机。

(2) 在转向盘转动一周的同时按压喇叭（图 6-5-1 和图 6-5-2）。

(3) 检查喇叭能否发出响声，音量和音调是否稳定合适。

图 6-5-1　转动转向盘

图 6-5-2　按压喇叭

2. 技术要求

喇叭音量、音调正常有效，符合规定。

二、检查转向盘

1. 检查转向盘的松动、摆动情况

1）操作步骤

（1）双手握住转向盘上下部位，并轻轻地上下摇动（图 6–5–3）。

（2）双手握住转向盘左右部位，左右摆动转向盘（图 6–5–4）。

图 6-5-3　检查转向盘松动情况

图 6-5-4　检查转向盘摆动情况

2）技术要求

转向盘无异常松动、摆动的情况。

2. 检查转向盘的自由行程

1）操作步骤

（1）起动发动机，转动转向盘，摆正转向轮。

（2）摆正转向盘，在转向盘上做一标记。

（3）轻轻转动转向盘，转向轮即将开始动作时，测量标记的移动量，即为转向盘的自由行程，如图 6-5-5 所示。

2）技术要求

自由行程需符合《维修手册》的规定。

图 6-5-5　检查转向盘的自由行程

3. 检查转向盘的锁定功能

1）操作步骤

（1）将点火开关钥匙转到 ACC 位置，钥匙应无法取出，顺时针转动转向盘应无法锁定。

（2）将开关钥匙转到 OFF 位置，钥匙应可顺利取出，顺时针转动转向盘可以锁定转向盘。

2）技术要求

转向盘的锁定功能正常有效。

任务检验

任务结束后，完成以下项目工作页。

<table>
<tr><td>班级</td><td>姓名</td><td>项目名称</td><td>完成日期</td><td>成绩</td><td rowspan="6">自我评价</td></tr>
<tr><td></td><td></td><td></td><td></td><td></td></tr>
<tr><td>项 目</td><td colspan="4">内容</td></tr>
<tr><td rowspan="2">喇叭的检查</td><td colspan="4">1. 喇叭的检查内容有哪些?</td></tr>
<tr><td colspan="4">2. 检查喇叭好坏的标准是什么?</td></tr>
<tr><td>转向盘的检查</td><td colspan="4">3. 转向盘的检查内容是什么? 有哪些技术要求?</td></tr>
</table>

任务六　驻车制动器和行车制动器的检查

任务导入

一辆雪佛兰轿车进 4S 店进行四万公里保养。驻车制动器和行车制动器的检查是最重要的安全检查项目，你是 4S 店的技术员，接车后你需要做哪些准备、怎样做呢？

知识储备

一、检查目的

了解驻车制动器和行车制动器的工作状况，及时发现驻车制动器和行车制动器存在的故障或隐患，以便及时检修，确保行车安全。

二、作业内容

(1) 检查驻车制动器指示灯的工作情况、操纵杆行程。

(2) 检查行车制动器的踏板高度、踏板自由行程、踏板行程余量、踏板使用状况。

(3) 检查制动助力器的工作状况、气密性、真空功能。

三、操作注意事项

1. 进入车辆进行维护前要安放好车轮挡块。
2. 不要随意进入车内起动车辆。
3. 不能随意按动举升机操纵开关。
4. 进入车内起动车辆时需放驻车挡。

任务实施

一、检查驻车制动器的指示灯

1. 操作步骤

(1) 把点火开关拨至 ON 位置。

(2) 拉起驻车制动杆到达第一个槽口（锁止齿响第一声）时，指示灯应点亮（图 6-6-1 和图 6-6-2）。

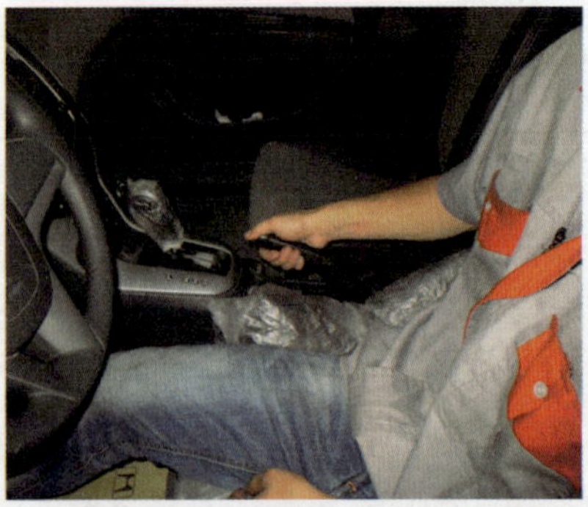

图 6-6-1　拉起驻车制动杆

图 6-6-2　驻车指示灯点亮

2. 技术要求

指示灯应正常有效。

二、检查驻车制动器的自由行程

1. 操作步骤

（1）拉满驻车制动杆行程。

（2）听锁止齿轮响声，应发出 6~9 声的响声，否则应调整制动杆行程，或检修制动器。

2. 技术要求

制动杆行程应符合标准。

三、检查行车制动器踏板的使用状况

1. 操作步骤

（1）起动发动机。

（2）踩下——松开行车制动器踏板数次，检查踏板是否能踩下和正常复位，是否灵敏，是否过度松动、有异响。

2. 技术要求

踏板能完全踩下和正常复位，反应灵敏，无过度松动和异响。

四、检查制动器踏板的高度

1. 操作步骤

（1）起动并运转发动机。

（2）踩下——松开制动器踏板数次。

(3) 移开地毯，取钢直尺垂直于踏板踩踏面，测量踏板与地板之间的距离，即为踏板的高度。

2. 技术要求

踏板高度要符合标准，不符合的应调整踏板连杆上的调节装置。

五、检查制动器踏板的行程余量

1. 操作步骤

(1) 移开车内地毯，在发动机运转和松开驻车制动器的状态下，把踏板踩到底。

(2) 取钢直尺垂直于踏板踩踏面，测量踏板与地板之间的距离，即为踏板的行程余量。

2. 技术要求

踏板行程余量要符合标准，不符合的应调整踏板连杆上的调节装置。

六、检查制动器踏板的自由行程

1. 操作步骤

(1) 关闭点火开关，让发动机熄火停机后，踩下制动踏板 30~40 次，解除制动助力器工作状态。

(2) 用手指轻轻按压制动踏板，同时，用钢直尺测量踏板的移动量（图 6–5–3），即为踏板的自由行程。

图 6-6-3 检查制动器踏板自由行程

2. 技术要求

踏板自由行程要符合标准，不符合的应调整踏板连杆上的调节装置。

七、检查制动助力器的工作情况

1. 操作步骤

(1) 关闭点火开关。

(2) 把制动踏板踩到底后，起动发动机。此时踏板应自动下沉一定的行程。

2. 技术要求

起动发动机后踏板要下沉。

八、检查制动助力器的气密性

1. 操作步骤

（1）起动发动机，让发动机运转 1~2min 后停机。

（2）踩压制动踏板 3 或 4 次，检查每次踩压后踏板返回的高度是否越来越大。

2. 技术要求

每次踩压后踏板返回的高度应越来越大。

九、检查制动助力器的真空功能

1. 操作步骤

（1）起动发动机后，把制动踏板踩到底。

（2）关闭点火开关让发动机熄火，保持大约 30s 后，检查踏板的高度是否产生变化。

2. 技术要求

高度不变。

任务检验

任务结束后，完成以下项目工作页。

<table>
<tr><td>班级</td><td>姓名</td><td>项目名称</td><td>完成日期</td><td>成绩</td><td>自我评价</td></tr>
<tr><td></td><td></td><td></td><td></td><td></td><td rowspan="6"></td></tr>
<tr><td>项 目</td><td colspan="4">内容</td></tr>
<tr><td rowspan="2">驻车制动器的检查</td><td colspan="4">1. 怎样检查驻车制动器的指示灯是否正常工作?</td></tr>
<tr><td colspan="4">2. 怎样检查驻车制动器的自由行程?</td></tr>
<tr><td rowspan="2">行车制动器的检查</td><td colspan="4">1. 怎样检查行车制动器的踏板高度?</td></tr>
<tr><td colspan="4">2. 怎样检查行车制动器的自由行程?</td></tr>
</table>

任务七　汽车车身内外部件的检查

任务导入

一辆雪佛兰轿车进 4S 店进行四万公里保养。车身内外部件的检查是比较重要的检查项目，你是 4S 店的技术员，接车后你该做哪些准备、怎样做呢？

知识储备

一、检查目的

了解车身部件的工作状况，发现车身各部件存在的故障或隐患，以便及时保养检修，使车辆保持良好的车况，确保行车安全。

二、作业内容

（1）检查座椅的紧固状况。

（2）检查安全带状况。

（3）检查车门铰链、螺母、螺栓。

（4）检查油箱盖。

（5）检查行李箱盖。

（6）检查车灯总成。

（7）检查悬架。

（8）检查车身倾斜。

（9）检查空调滤清器滤芯。

（10）检查发动机舱盖螺栓。

（11）打开机油加注孔盖。

三、操作注意事项

（1）进入车辆进行维护前要安放好车轮挡块。

（2）不要随意进入车内起动车辆。

（3）不能随意按动举升机操纵开关。

任务实施

一、准备工作

(1) 拉起油箱盖释放杆（图 6-7-1）。

(2) 按下行李箱盖开关（图 6-7-1）。

图 6-7-1　油箱盖释放杆、行李箱盖开关

(3) 拉起发动机舱盖释放杆。

(4) 按下电动窗按钮，降下风窗玻璃。

(5) 释放驻车制动杆。

(6) 变速杆置于 N（空挡）位。

(7) 充足轮胎气压。

二、操作过程

1. 检查座椅的螺栓紧固状况（前后座椅检查方法相同）。

1）操作步骤

(1) 抓住座椅侧面边缘。

(2) 往两侧前门方向推拉座椅，如图 6-7-2 所示。

2）技术要求

座椅螺栓（图 6-7-3）紧固正常，无异常松动。

图 6-7-2　检查座椅

图 6-7-3　座椅螺栓

2. 检查安全带状况（前后安全带检查方法相同）

1）操作步骤

（1）拉出安全带，检查肩带和跨带两边表面是否有损坏、刮痕，如图 6–7–4 所示。

（2）按下肩带导向器按钮，检查导向器是否上下灵活移动。

（3）快速拉、放肩带，检查肩带安全锁定功能是否正常有效。

（4）把安全带的带扣插进扣环，往上拉动安全带，检查扣环的锁止功能是否正常，如图 6–7–5 所示。

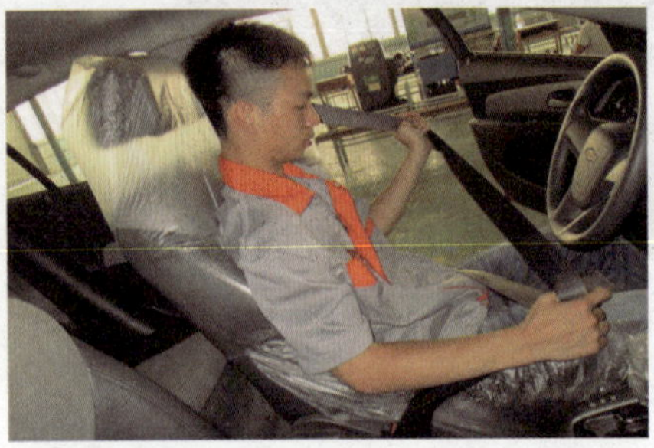

图 6-7-4 检查安全带的肩带

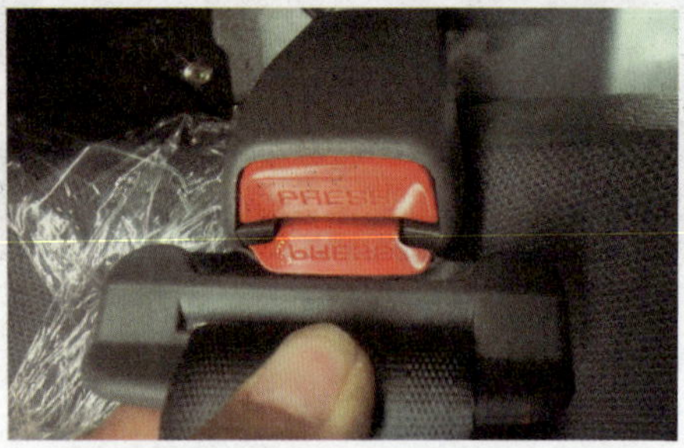

图 6-7-5 检查带扣、扣环锁止性能

2）技术要求

安全带表面无损伤、无刮痕，导向器、扣环的锁止功能正常有效。

3. 检查车门（四门相同）

1）操作步骤

（1）抓住车门侧面边缘上下拉动车门，检查车门有无异常松动，如图 6–7–6 所示。

（2）轻轻开、关车门，检查车门转动是否灵活、无阻滞。

2）技术要求

车门螺栓紧固正常，铰链灵活、无异响。

图 6-7-6 检查车门

图 6-7-7 门灯指示灯点亮

4. 检查门灯开关

1）操作步骤

（1）在车外轻轻打开车门，观察门灯是否点亮。

（2）关闭车门，检查门灯指示灯（仪表上）是否熄灭。

2）技术要求

打开车门，门灯、指示灯应点亮（图 6–7–7）；关闭车门，门灯、指示灯应熄灭。

5. 检查车门儿童安全锁（后车门）

1）操作步骤

(1）把儿童安全锁往下拨到底。

(2）关上车门，检查能否从车内打开后车门。

2）技术要求

锁止儿童安全锁后，不能从车内打开后车门。儿童安全锁的用法如图 6–7–8 和图 6–7–9 所示。

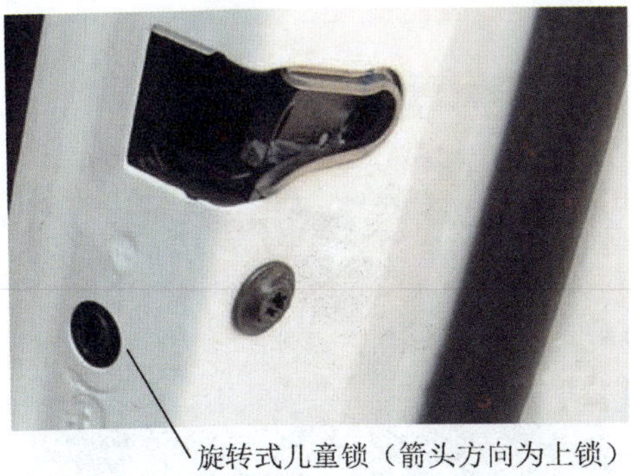

图 6-7-8　顺转锁芯打开儿童安全锁

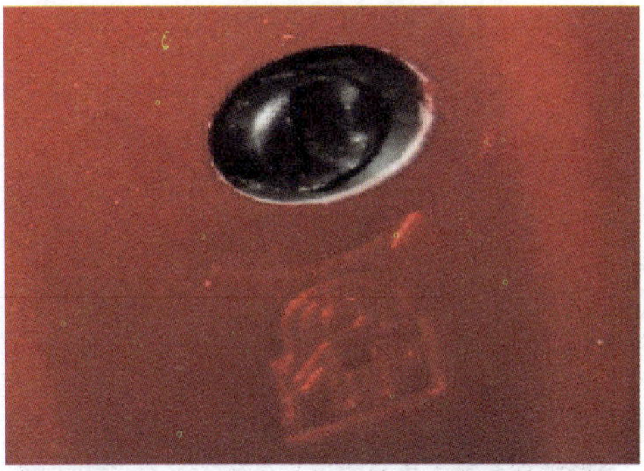

图 6-7-9　逆转锁芯锁止儿童安全锁

6. 检查燃油油箱盖

1）操作步骤

(1）检查密封垫、真空阀。

①拆下油箱盖（图 6–7–10）。

②观察油箱盖 O 型橡胶垫是否变形、凹陷、损伤，真空阀是否黏结，如图 6–7–11 所示。

图 6-7-10　检查油箱盖

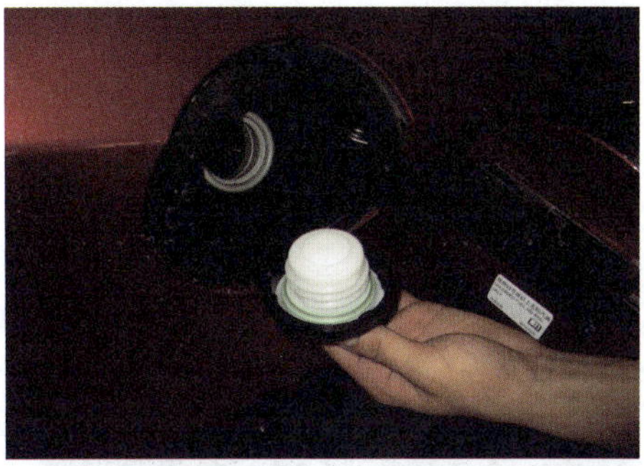

图 6-7-11 检查油箱盖 O 形橡胶垫、真空阀

(2）检查扭矩限制器工作情况。

①装上油箱盖。

②上紧油箱盖，应发出“咔嗒”声并能自由转动。

（3）检查附件。油箱盖能够被正确上紧。

2）技术要求

O 形橡胶垫无变形、凹陷、损伤，扭矩限制器工作正常有效。

7. 检查悬架（前后悬架检查方法相同）

1）检查减振器的缓冲力

（1）操作步骤。

①双手按压汽车后部。

②上下按压——松开车身，确定减振器缓冲力的大小（图 6-7-12），检查车身停止摇动需要多长时间。

（2）技术要求。减振器的缓冲力应平缓有效。

图 6-7-12　检查缓冲力

图 6-7-13　检查车辆倾斜

2）检查车身是否倾斜（前后车身检查方法相同）

（1）操作步骤。目测车辆是否倾斜，如图 6-7-13 所示。车身倾斜的应检查轮胎气压、车辆负荷分配。

（2）技术要求。车身无倾斜现象。

8. 检查车灯总成

1）操作步骤

（1）目测车灯灯罩表面是否有脏污、损坏。

（2）用手轻轻上下或左右推动灯罩，检查车灯总成是否松动，如图 6-7-14 和图 6-7-15 所示。

（3）目测灯罩内是否有积水。

图 6-7-14　检查车灯总成

图 6-7-15　后车灯总成

2）技术要求

车灯表面无刮痕、无损伤、无脏污，总成无异常松动，内部无积水。

9. 检查备用轮胎

1）检查胎压

如图 6–7–16 所示，用胎压检测仪检查胎压。胎压应符合规定值，轮胎标准胎压标记如图 6–7–17 所示。

图 6-7-16　检查胎压

图 6-7-17　轮胎标准胎压标记

2）检查轮胎是否漏气

在气门、钢圈与胎边结合面、胎面等部位周围涂抹肥皂水，检查轮胎有无漏气现象。这些部位应无漏气现象。

3）检查轮胎胎纹深度

（1）操作步骤。

①用轮胎深度规测量轮胎胎纹深度（图 6–7–18）。

②观察轮胎磨损标记（图 6–7–19）。

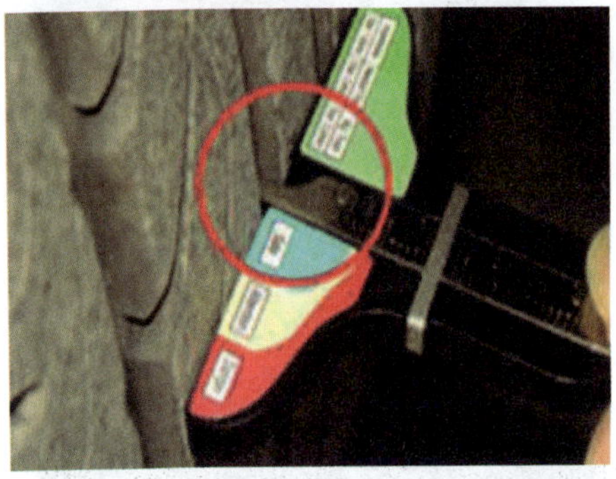

图 6-7-18　测量轮胎胎纹深度

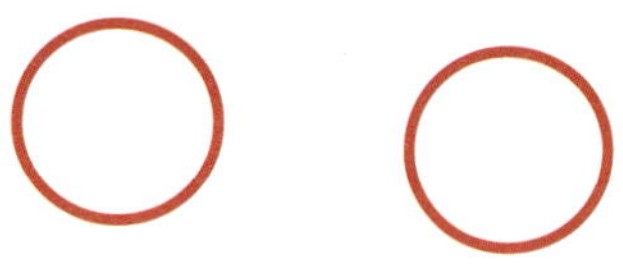

图 6-7-19　观察轮胎磨损标记

（2）技术要求。轮胎胎纹深度应大于 1.6mm，磨损标记与胎面齐平的应更换轮胎。

4）检查轮胎磨损情况

（1）操作步骤。

①转动车轮。

②观察车胎整个外围，检查是否存在双肩磨损、中间磨损、单肩磨损、根部磨损，如

图 6–7–20 所示。异常磨损的轮胎示例如图 6–7–21 所示。

（2）技术要求。车胎不应出现双肩磨损、中间磨损、单肩磨损、根部磨损。

图 6-7-20　检查轮胎磨损情况

图 6-7-21　异常磨损的轮胎

5）钢圈检查

（1）操作步骤。

①观察钢圈是否损坏、变形（图 6–7–22）。

②用动平衡机检查是否跳动（图 6–7–23）。

图 6-7-22　检查钢圈

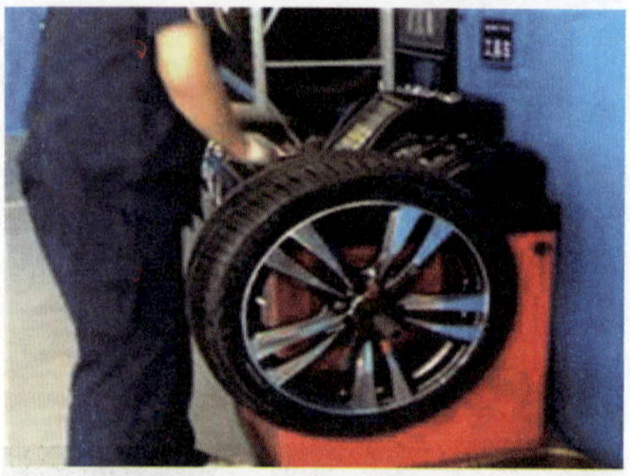

图 6-7-23　动平衡机检查

（2）技术要求。钢圈无损坏、变形、生锈、跳动现象。

10. 检查空调空气滤清器滤芯

1）操作步骤

拆下滤芯，观察表面有无灰尘，如图 6–7–24 和图 6–7–25 所示。

图 6-7-24　拆下空调滤清器壳

图 6-7-25　检查空调滤清器滤芯

2）技术要求

滤芯应清洁干净。

11. 检查行李箱盖、发动机舱盖

1）操作步骤

如图 6–7–26 和图 6–7–27 所示，摇动行李箱盖、发动机舱盖连接杆。

图 6-7-26　检查行李箱盖

图 6-7-27　检查发动机舱盖

2）技术要求

行李箱盖、发动机舱盖螺栓无异常松动。

12. 打开机油加油孔盖

打开机油加注孔盖并用干净软抹布盖住加注孔，为排放机油做准备。

任务检验

任务结束后，完成以下项目工作页。

<table>
<tr><td>班级</td><td>姓名</td><td>项目名称</td><td>完成日期</td><td>成绩</td><td rowspan="2">自我评价</td></tr>
<tr><td></td><td></td><td></td><td></td><td></td></tr>
<tr><td>项 目</td><td colspan="4">内容</td><td rowspan="6"></td></tr>
<tr><td rowspan="3">座椅
安全带</td><td colspan="4">1. 怎样检查车门铰链的紧固状况?</td></tr>
<tr><td colspan="4">2. 座椅安全带起什么作用？在什么情况下起作用?</td></tr>
<tr><td colspan="4">3. 怎样检查座椅的固定情况?</td></tr>
<tr><td>燃油
油箱盖</td><td colspan="4">4. 如何检查燃油油箱盖的真空阀和密封状况?</td></tr>
</table>

任务八　汽车底部油液泄漏情况的检查

任务导入

一辆雪佛兰轿车进 4S 店进行四万公里保养。汽车底部油液泄漏情况的检查是汽车底盘维护与保养的检查项目，你是 4S 店的技术员，接车后你该做哪些准备、怎样做呢？

知识储备

一、检查目的

了解车辆底盘油液是否存在泄漏现象，以便对车辆进行保养与检修，使车辆保持良好的车况，防止汽车部件产生早期损坏，确保行车安全。

二、作业内容

(1) 检查发动机油底壳及排放塞、变速器油底壳及排放塞是否存在油液泄漏现象。

(2) 排放发动机机油及变速器油。

(3) 检查冷却液、清洗液、制动液、燃油、转向助力液是否泄漏。

三、操作注意事项

(1) 不能随意按动举升机操纵开关。

(2) 机油回收桶放在合适位置，避免溅出。

(3) 机油不要接触皮肤。

(4) 掌握拆卸机油排放塞的相关技巧。

(5) 安装机油滤清器时要在密封圈上涂抹新机油。

任务实施

一、准备工作

(1) 准备雪佛兰汽车一辆，抹布 4 块，机油回收桶（机）、机油滤清器一个，机油滤清器专用扳手、世达组合工具各一套。

(2) 升起车辆，并将机油回收桶推至车辆油底壳下方，调节机油回收桶接油盘至合适高度，做好放油前的准备工作。

二、操作过程

1. 检查发动机和变速器油底壳、排放塞、油封

1）操作方法

观察油底壳、排放塞（图 6–8–1 和图 6–8–2）及油封接触面有无油液渗漏。

图 6-8-1　检查机油油底壳、排放塞

图 6-8-2　检查变速器油底壳、排放塞

2）技术要求

油底壳、排放塞等应密封良好。

2. 排放发动机机油、自动变速器油

1）操作方法

（1）用扳手或套筒拧松排放塞（图 6–8–3）。

（2）取下排放塞让机油排入机油回收桶（图 6–8–4）。

（3）排油完毕，更换排放塞垫片，然后以 38N · m 扭矩拧紧螺塞即可。

图 6-8-3　拆卸机油排放塞

图 6-8-4　排放机油

2）技术要求

（1）选用合适的工具进行拆卸，接油漏斗不可升起过低，防止机油溅出。

（2）更换机油时，排放塞的垫片也要一起更换。

提示：为提高效率，在排放机油的同时，可进行其他项目的检查。

3. 检查制动软管、制动卡钳、排气螺塞是否有油液渗漏现象

1）操作方法

目视制动软管接口、制动卡钳、排气螺塞有无油液渗漏现象，如图 6–8–5 所示。

2）技术要求

制动软管接口、制动卡钳、排气螺塞无油液渗漏。

4. 检查燃油和制动液管路、燃油箱

1）操作方法

目视管路的表面有无油液渗漏现象，如图 6–8–6 所示。

2）技术要求

管路的表面及油箱无油液渗漏现象。

图 6-8-5　检查制动软管、制动卡钳、排气螺塞

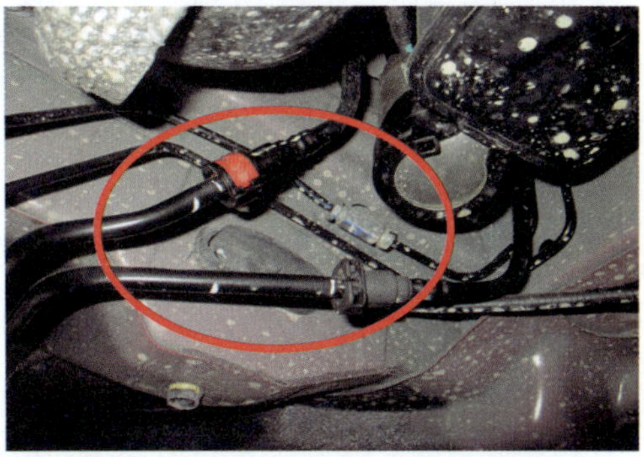

图 6-8-6　检查燃油箱和制动液管路

5. 检查减振器是否有油液渗漏现象

1）操作方法

目视减振器（图 6–8–7）、转向机表面有无渗漏的油迹。

2）技术要求

减振器、转向机无油液渗漏现象。

图 6-8-7 检查减振器

任务检验

任务结束后，完成以下项目工作页。

班级	姓名	项目名称	完成日期	成绩	自我评价
项　目	内容				
发动机机油排放及底盘油液渗漏的检查	1. 机油排放时要注意哪几点？				
	2. 底盘油液渗漏检查的部位包括哪些？				

任务九　汽车底部安装件的检查

任务导入

一辆雪佛兰轿车进 4S 店进行四万公里保养。汽车底部安装件及螺母、螺栓紧固情况的检查是底盘另一项检查项目，你是 4S 店的技术员，接车后你该做哪些准备、怎样做呢？

知识储备

一、检查目的

了解车辆底部部件的安装、紧固情况，以便对车辆进行保养与检修，使辆保持良好的车况，确保行车安全。

二、作业内容

(1) 检查驱动轴护套、转向连接机构、燃油管路、制动管路、排气管及安装件、悬架。

(2) 检查底盘连接的螺栓、螺母。

(3) 更换机油滤清器。

(4) 更换机油排放塞垫片，安装机油排放塞。

三、操作注意事项

(1) 扭矩扳手为精密仪器，要注意轻拿轻放，避免粗暴操作。

(2) 选择工具要合适，操作要正确规范。

(3) 工具使用完毕应及时清洁并摆放整齐。

(4) 不能随意按动举升机操纵开关。

任务实施

一、准备工作

(1) 准备雪佛兰汽车维修手册。

(2) 选择合适的套筒、连接杆安装到扭矩扳手上，并调节至相应扭矩后锁止。

二、操作过程

1. 检查驱动轴护套、卡箍、润滑脂

1) 操作方法

把轮胎转向一侧，观察护套、卡箍外围，如图 6-9-1 所示。

2）技术要求

护套无裂纹及其他损坏；卡箍安装正确，无损坏；无润滑脂泄漏现象。

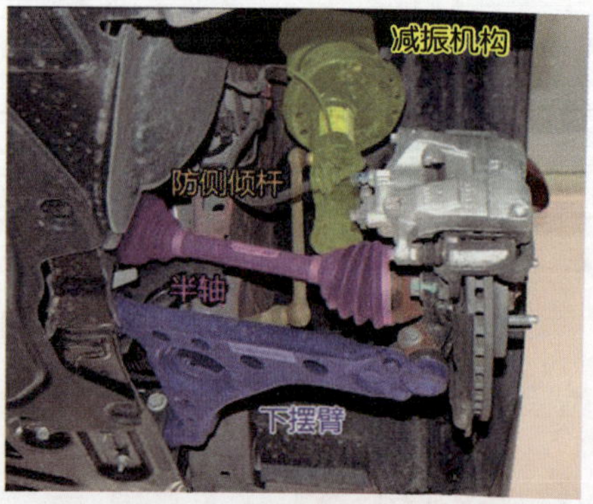

图 6-9-1　检查驱动轴护、卡箍

2. 检查转向连接机构（图 6-9-2）

1）松动和摇动的检查

（1）操作方法。用手晃动左右转向横拉杆（图 6-9-3）。

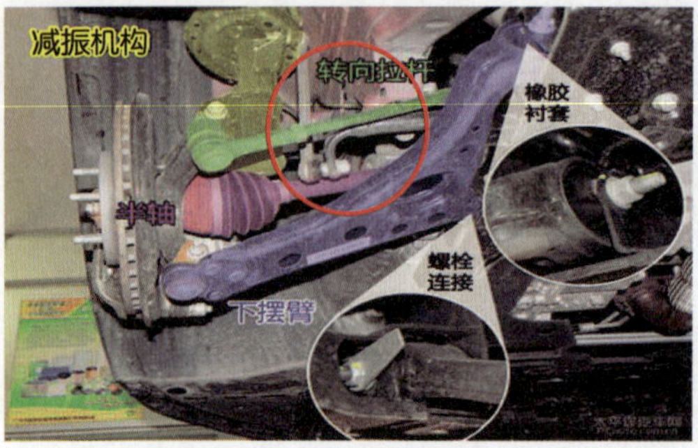

图 6-9-2　检查转向连接机构

图 6-9-3　转向横拉杆连接杆

（2）技术要求。应无松动、无摆动。

2）弯曲和损坏的检查

（1）操作方法。观察左右转向连接机构。

（2）技术要求。应无弯曲、无损坏。

3. 检查前、后制动软管

1）操作方法

把前转向轮转到最大角度，直接观察后制动软管（图 6-9-4）。

2）技术要求

制动软管不与车轮碰刮。

图 6-9-4　制动软管

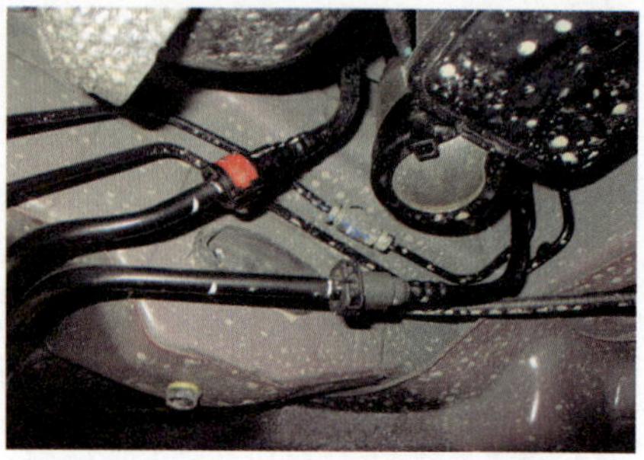
图 6-9-5　检查燃油、制动管路

4. 检查燃油、制动管路

观察燃油管、制动管应无扭曲、凹瘪（图 6–9–5）。

5. 检查排气管接头、吊耳、消声器

1）操作方法

观察排气管接头（图 6–9–6）、吊耳（图 6–9–7）、消声器。

图 6-9-6　检查排气管接头

图 6-9-7　检查排气管吊耳

2）技术要求

接头应无黑色废气泄露痕迹，吊耳、消声器无松脱、损坏。

6. 检查悬架（前后悬架检查方法、技术要求相同）

1）损坏情况检查

(1) 操作方法。观察万向节、减振器、减振弹簧、稳定杆、下臂等组件，如图 6–9–8 和图 6–9–9 所示。

图 6-9-8　检查减振器和减振弹簧

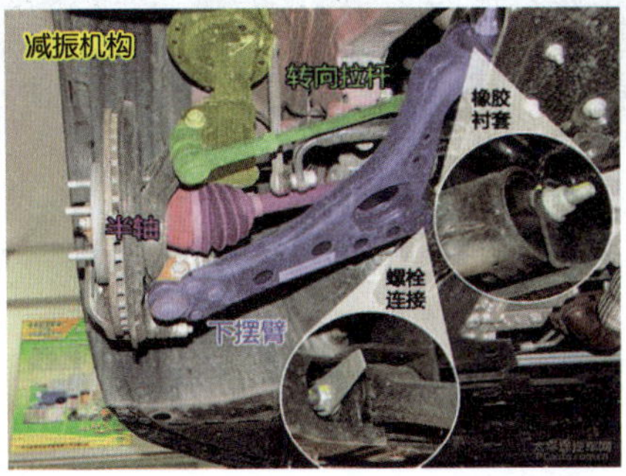

图 6-9-9　下臂、稳定杆

(2) 技术要求。悬架各组件应无弯曲、变形、裂纹等损坏现象。

2）检查减振器

观察减振器上应无油液渗漏痕迹

3）检查连接摆动情况

(1) 操作方法。用手上下摇晃稳定杆、横拉杆连接，观察衬套外围。

（2）技术要求。稳定杆、横拉杆连接无异常松动，无损坏；衬套无裂纹、损坏。

7. 检查底盘连接的螺栓和螺母紧固情况

检查下列底盘连接的螺栓和螺母紧固情况：

中间梁—车身、下臂—横梁 、球节—下臂、横梁—车身、下臂—横梁、中间梁—横梁、盘式制动器扭矩板—万向节、球节—万向节、减振器—万向节、稳定杆连接杆—减振器、稳定杆—稳定杆连接杆、转向机外壳—横梁、稳定杆—车身、横拉杆端头锁止螺母、横拉杆端头—万向节、拖臂和桥梁—车身、拖臂和桥梁—后轮毂、制动分泵—背板、稳定杆—拖臂和桥梁、减振器—拖臂和桥梁、减振器—车身。

图 6-9-10 调整扭矩扳手

1）操作方法

（1）选择合适的工具。

（2）把扭矩扳手调到合适范围，如图 6-9-10 所示。

（3）按紧固的方向拉动扳手，检查车底连接螺栓、螺母是否松动（图 6-7-11），紧固扭矩是否在规定范围（图 6-9-12）。

图 6-9-11 检查车底连接螺栓、螺母

图 6-9-12 检查底盘螺栓、螺母扭矩

2）技术要求

各连接螺栓、螺母应无松动，紧固扭矩应在《维修手册》规定的范围内。

8. 更换机油滤清器

1）操作步骤

（1）用机油滤清器专用扳手（SST）拆下机油滤清器（图 6-9-13）并放入垃圾回收桶。拆卸方法如图 6-9-14 所示。

图 6-9-13　机油滤清器

图 6-9-14　拆卸机油滤清器

(2) 把机油滤清器安装面擦拭干净。

(3) 拆下新机油滤清器的塑料包装膜，在机油滤清器的橡胶密封圈上均匀地抹上干净的新机油。

(4) 把新机油滤清器装到安装座，先用手把机油滤清器拧到橡胶垫刚好贴合滤清器的安装端面后，用专用工具拧紧 3/4 圈即可。

2) 技术要求

不能超过规定的旋紧圈数拧紧机油滤清器，否则会损坏密封圈造成机油泄漏。

9. 安装机油排放塞

更换机油排放塞垫片、手动变速器油排放塞垫片，安装机油排放塞、手动变速器油排放塞，并按规定的扭矩紧固即可。

任务检验

任务结束后，完成以下项目工作页。

<table>
<tr><td>班级</td><td>姓名</td><td>项目名称</td><td>完成日期</td><td>成绩</td><td>自我评价</td></tr>
<tr><td></td><td></td><td></td><td></td><td></td><td rowspan="6"></td></tr>
<tr><td>项 目</td><td colspan="4">内容</td></tr>
<tr><td rowspan="4">底盘螺栓的检查</td><td colspan="4">1. 检查底盘螺栓需要哪几种工具?</td></tr>
<tr><td colspan="4">2. 使用扭矩扳手时要注意哪几点?</td></tr>
<tr><td colspan="4">3. 检查底盘螺栓时对各套筒或扳手优先选择的顺序是什么?</td></tr>
<tr><td colspan="4">4. 检查底盘螺栓时，一般用推的姿势还是拉的姿势？为什么?</td></tr>
</table>

任务十　车轮轴承的检查及车轮的拆卸与检查

任务导入

一辆雪佛兰轿车进 4S 店进行四万公里保养。车轮轴承的检查及车轮的拆卸与检查是汽车底盘安全部件检查项目之一，你是 4S 店的技术员，接车后你该做哪些准备、怎样做呢?

知识储备

一、检查目的

了解车轮轴承及车轮的使用状况，及时发现车轮轴承及车轮存在的故障或隐患，以便及时检修，确保行车安全。

二、作业内容

(1) 检查车轮轴承摆动状况、转动状况和有无异响。

(2) 拆卸车轮。

(3) 检查车轮。

三、操作注意事项

(1) 使用气动扳手时，要注意挡位的选择并确保套筒安装牢固。

(2) 检查气动扳手旋转方向或转速时，气动扳手中不能装有套筒。

(3) 拆装车轮时，要按规定的扭矩拆装车轮的螺栓、螺母。

(4) 不能随意按动举升机操纵开关。

任务实施

一、准备工作

(1) 把车辆升起到轮胎中心与胸口平齐的位置，并锁止举升机。

(2) 把气动扳手挡位调整合适（一般选用 2 挡或 3 挡），选择合适的冲击套筒及延伸杆装入扳手中，并接上空气压缩机气管。

(3) 变速杆置于 N 位，释放驻车制动器。

二、操作过程

1. 检查车轮轴承摆动情况

1）操作方法

两手分别放在轮胎的上下，用力前后推拉车轮，检查轴承有无松动，如图 6–10–1 所示。

2）技术要求

轴承应无异常松动现象。

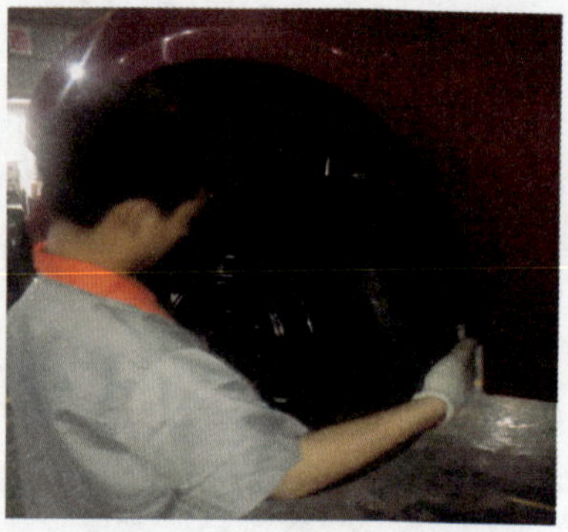

图 6-10-1　检查车轮轴承

2. 检查转动状况和有无异响

1）操作方法

用手转动车轮，观察车轮是否平稳转动，倾听有无异响。

2）技术要求

车轮转动时应平稳、无异响。

3. 拆卸车轮

1）操作方法

（1）把气动扳手调整至 2 挡（或 3 挡），如图 6–10–2 所示。

（2）按三角形的方向对角分两次拧松车轮锁紧螺母（图 6–10–3），分别拆卸前、后、左、右 4 个车轮。

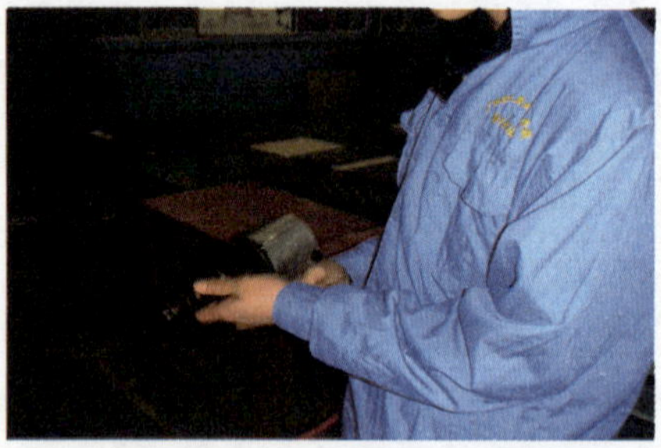

图 6-10-2　调整扳手挡位

图 6-10-3　拆卸车轮锁紧螺母

2）技术要求

（1）按三角形的方向对角拧松车轮锁紧螺母，扳手的挡位不应选择太高。

（2）不应把 5 颗锁紧螺母一次性松完取出，应有一颗只松 1/3 圈留在最后，用手固定车轮后才全部拧松取下，这样可以防止车轮滑落。

3）拆下的螺母、轮胎（图 6–10–4）应按顺序摆放整齐。

4. 检查车轮

检查内容包括气压检查、漏气检查、钢圈是否变形或损坏检查、轮胎磨损检查、轮胎异物嵌入检查。其期中检查气压、漏气、钢圈是否变形或损坏、轮胎磨损的方法及技术要求与备用轮胎相同。轮胎异物嵌入检查。

操作方法：转动轮胎，观察胎槽内有无石头、玻璃等嵌入物或刺入铁钉等，如图 6-8-5 所示。

技术要求：胎槽内应无石头、玻璃等嵌入物或刺入铁钉等。

图 6-10-4　摆放车轮

图 6-10-5　检查轮胎

任务检验

任务结束后，完成以下项目工作页。

班级	姓名	项目名称	完成日期	成绩	自我评价
工作项目	工作内容				
轮胎拆装的检查	1. 使用气动扳手拆卸轮胎时要注意哪几点?				
	2. 轮胎拆下后主要检查哪些项目?				

任务十一　盘式制动器的拆卸与检查

任务导入

一辆雪佛兰轿车进 4S 店进行四万公里保养。盘式制动器的拆卸与检查是底盘最重要的安全部件检查项目，你是 4S 店的技术员，接车后你该做哪些准备、怎样做呢？

知识储备

一、检查目的

了解盘式制动器的使用状况，及时发现盘式制动器存在的故障或隐患，以便及时检修，确保行车安全。

二、作业内容

(1) 拆卸制动卡钳、制动片。

(2) 检查制动卡钳。

(3) 检查制动片。

(4) 检查与测量制动盘。

(5) 安装制动器。

三、操作注意事项

(1) 使用气动扳手时，要注意挡位的选择并确保套筒安装牢固。

(2) 检查气动扳手旋转方向或转速时，气动扳手不能装入套筒。

(3) 不能随意按动举升机操纵开关。

任务实施

一、拆卸制动卡钳、制动片

1. 操作方法

(1) 选择合适的工具把卡钳紧固螺栓拧松、取下，如图 6-11-1 所示。

(2) 卸下的制动卡钳用铁钩挂在减振弹簧上。

(3) 取下制动片，用干净软抹布把制动片和制动盘擦拭干净。

2. 技术要求

不要将软管从制动卡钳上拆卸下来。

图 6-11-1　拆卸制动卡钳

图 6-11-2　测量制动摩擦片（点一）

二、检查制动卡钳

1. 操作方法

目视制动活塞有无油液渗漏现象。

2. 技术要求

制动活塞无油液渗漏现象。

三、检查制动片

1. 操作方法

(1) 目视制动片是否磨损均匀、磨损过度。

(2) 用钢直尺分 3 个点测量制动片厚度，如图 6–11–2~ 图 6–11–4 所示。

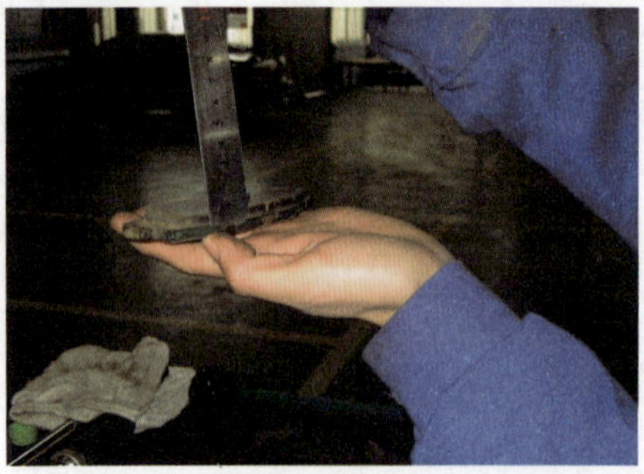

图 6-11-3　测量制动摩擦片（点二）

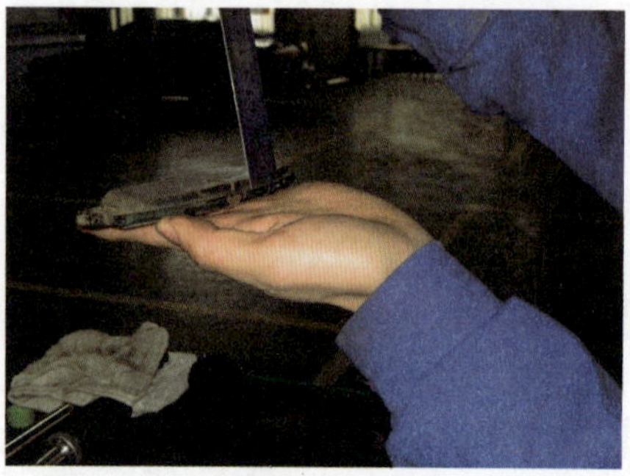

图 6-11-4　测量制动摩擦片（点三）

2. 技术要求

测量参数符合雪佛兰汽车《维修手册》的规定。

四、检查与测量制动盘

1）检查表面刮痕、损伤

（1）操作方法。日视制动盘有无刮痕、损伤。

（2）技术要求。制动盘表面无刮痕、损伤。

2）测量制动盘

（1）测量厚度。

①操作方法。

a. 选择合适的外径千分尺并进行校“0”。

b. 在离制动盘边缘 10mm 处，相隔约 60°选择 3 个测量点，如图 6-11-5 和图 6-11-6 所示。

图 6-11-5　测量制动盘的厚度（一）

图 6-11-6　测量制动盘的厚度（二）

c. 把制动盘擦拭干净后，放入千分尺并旋转棘轮盘使测量砧贴合制动盘，棘轮响 3 声即可。

d. 锁紧锁止装置，读出刻度盘读数即可。比较 3 次测量数值，并检查磨损是否均匀。

②技术要求。制动盘磨损量不应大于 2mm。

2）测量制动盘的径向跳动量

①操作方法。

a. 选择合适的百分表，并把百分表预紧后安装到安装架上。

b. 把百分表安装架固定在制动盘上方悬架处，如图 6-11-7 所示。

c. 把百分表测量杆压在制动盘上进行预紧并校“0”，如图 6-11-8 所示。

图 6-11-7　安装百分表及固定架

图 6-11-8　调整百分表

d. 转动制动盘，读出百分表指针移动的小格数（图 6-11-9），即为制动盘的径向跳动量。

②技术要求。测量参数符合雪佛兰汽车《维修手册》规定（径向跳动量极限小于 0.05mm）。

图 6-11-9 测量制动盘径向跳动量

五、安装制动器

1. 操作方法

按与拆卸时相反的顺序安装制动片、制动卡钳。

2. 技术要求

部件的安装要正确、到位，紧固螺栓扭矩符合《维修手册》的规定。

任务检验

任务结束后，完成以下项目工作页。

<table>
<tr><td>班级</td><td>姓名</td><td>项目名称</td><td>完成日期</td><td>成绩</td><td>自我评价</td></tr>
<tr><td></td><td></td><td></td><td></td><td></td><td rowspan="4"></td></tr>
<tr><td>项　目</td><td colspan="4">内容</td></tr>
<tr><td rowspan="2">制动片的拆装与检测</td><td colspan="4">1. 看图写出检查制动片的步骤。
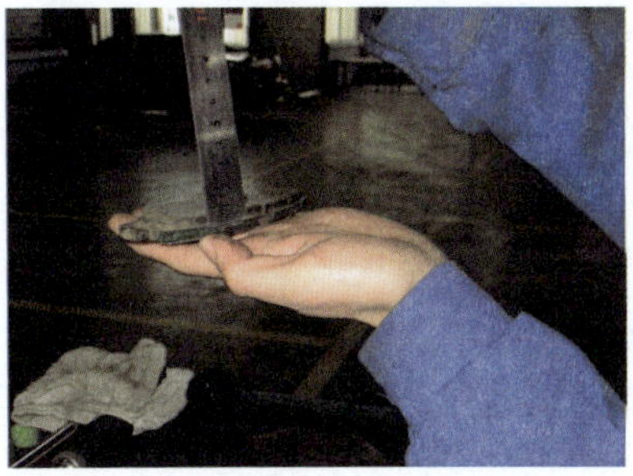</td></tr>
<tr><td colspan="4">2. 看图写出检查制动盘的步骤。
</td></tr>
</table>

任务十二　制动拖滞的检查及车轮的安装

任务导入

一辆雪佛兰轿车进 4S 店进行四万公里保养。制动拖滞的检查及车轮的安装是汽车底盘部件维护与保养的检查项目，你是 4S 店的技术员，接车后你该做哪些准备、怎样做呢?

知识储备

一、检查目的

了解盘式制动器的安装情况，及时发现盘式制动器存在的隐患，以便及时检修，确保行车安全。

二、作业内容

(1) 检查制动器是否拖滞。

(2) 安装车轮。

三、操作注意事项

(1) 使用气动扳手时，要注意挡位的选择并确保套筒安装牢固。

(2) 检查气动扳手旋转方向或转速时，气动扳手中不能装有套筒。

(3) 不能随意按动举升机操纵开关。

(4) 检查制动器是否拖滞时，要临时安装螺母并对制动盘进行紧固。

任务实施

一、检查制动器是否拖滞

1. 操作方法

顺时针或逆时针转动制动盘，检查制动盘有无拖滞现象，如图 6-12-1 所示。

2. 技术要求

制动盘转动平稳，无拖滞现象。

二、安装车轮

1. 操作方法

双手抱住车轮下部，将轮胎装到轮毂上，一手按住轮胎，另一手将轮胎螺母安装到螺栓上，并对螺母进行初步预紧。

2. 技术要求

要对角分两次预紧车轮轮毂螺母。

图 6-12-1　制动器拖滞检查

任务检验

任务结束后，完成以下项目工作页。

<table>
<tr><td>班级</td><td>姓名</td><td>项目名称</td><td>完成日期</td><td>成绩</td><td>自我评价</td></tr>
<tr><td></td><td></td><td></td><td></td><td></td><td rowspan="4"></td></tr>
<tr><td>工作项目</td><td colspan="4">工作内容</td></tr>
<tr><td rowspan="2">轮胎的
安装</td><td colspan="4">1. 怎样检查车轮是否有拖滞现象?</td></tr>
<tr><td colspan="4">2. 安装轮胎有哪些技巧?</td></tr>
</table>

任务十三　起动发动机前发动机室的检查

任务导入

一辆雪佛兰轿车进 4S 店进行四万公里保养，起动发动机前发动机室的检查是发动机的维护项目之一，你是 4S 店的技术员，接车后你该做哪些准备、怎样做呢?

知识储备

一、检查目的

了解发动机舱部件状况，发现发动机舱部件状况存在的故障或隐患，便于及时检修，确保行车安全。

二、作业内容

(1) 加注机油。
(2) 检查、更换空气滤清器滤芯。
(3) 检查蓄电池。
(4) 检查散热器盖。
(5) 检查火花塞。
(6) 检查转向助力液。

三、操作注意事项

(1) 正确使用工具、量具。
(2) 机油沾到皮肤应立即清洗。
(3) 不可随意起动发动机，需起动发动机时要把变速杆置于 P 位或 N 位。
(4) 不能随意按动举升机操纵开关。

任务实施

一、准备工作

(1) 降下车辆，待车辆完全接触地面后，安放车轮挡块。
(2) 拉满驻车制动杆行程并把变速杆置于 P 位或 N 位。
(3) 拉起发动机舱盖释放杆，打开并支撑稳固发动机舱盖。
(4) 安放前格栅布、翼子板布。

二、操作过程

1. 加注机油

1）操作方法

加注机油的方法如图 6–13–1 所示。

2）技术要求

按雪佛兰汽车使用说明书规定的加注量和加注牌号加注机油。

2. 检查、更换空气滤清器滤芯

1）检查、清洁滤芯、滤清器盖

（1）操作方法。

①打开空气滤清器外壳，拆下空气滤清器滤芯（图 6–13–2）。

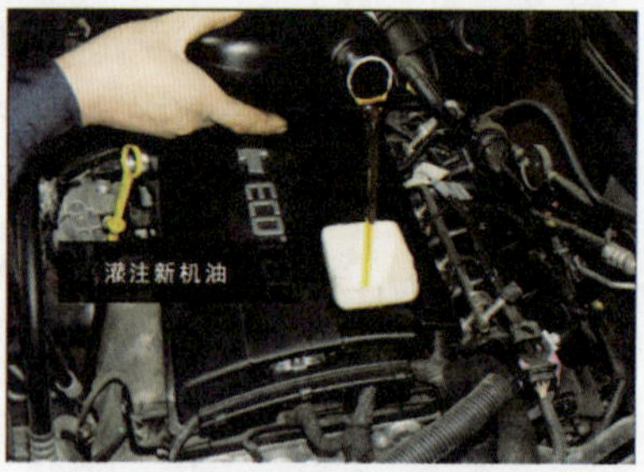

图 7-13-1　加注机油

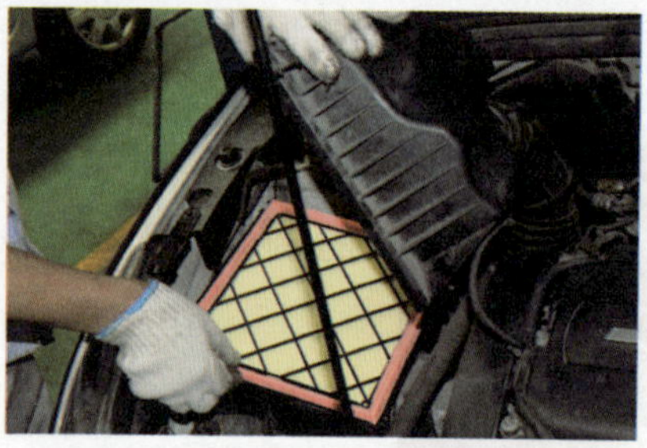
图 6-13-2　拆卸空气滤清器滤芯

②取出滤芯进行观察，检查滤芯是否有灰尘、积聚微粒或破裂。

③检查滤清器盖内是否有污物。

④灰尘较少的用空气压缩机由内往外向滤芯吹喷（图 6–13–3），清除滤芯表面灰尘及脏污物，并清除滤清器盖内脏污物。灰尘较多的则更换滤芯。

（2）技术要求。滤芯、滤清器盖干净，无破损。

图 6-13-3　清洗

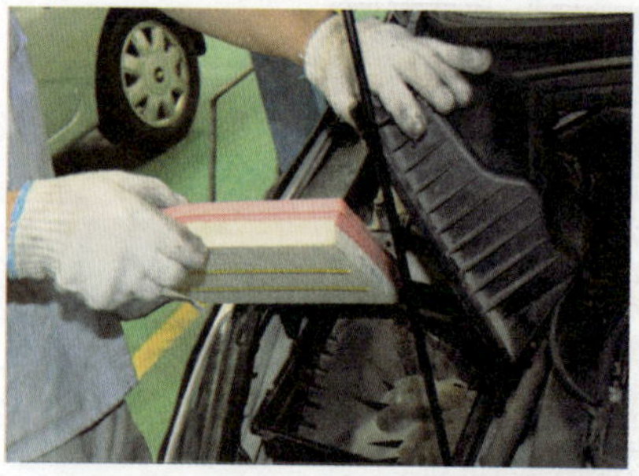
图 6-13-4　安装空气滤清器滤芯

2）检查、安装空气滤清器

（1）操作方法。检查空气滤清器滤芯上的橡胶密封情况，确保其没有裂纹或其他损坏后，装入滤芯（图 6–13–4），盖上盖子并把锁扣扣好即可。

(2) 技术要求。橡胶密封良好，无裂缝；锁扣锁止牢固。

3. 检查蓄电池

1）检查内容

检查极柱是否氧化、断裂，电缆桩头是否氧化生锈、松动，端盖及外壳是否鼓胀、开裂，电量是否充足。

2）操作方法

(1) 目视极柱、电缆、端盖、外壳，检查有无氧化、断裂、生锈、裂纹的情况，如图 6-13-5 所示。

(2) 目视加液孔盖透气孔是否堵塞，加液孔盖是否损坏。

(3) 摇动极柱，检查极柱是否松动。

(4) 测量蓄电池电压：打开数字式万用表电源开关，将万用表量程调到直流电压挡 50V 量程，红表笔接蓄电池“+”极，黑表笔接“–”极，读出显示屏上的读数，即为蓄电池电压。

3）技术要求

极柱无氧化、断裂现象，电缆桩头无氧化、生锈和松动的情况，端盖及外壳无鼓胀、开裂的现象，电量充足。

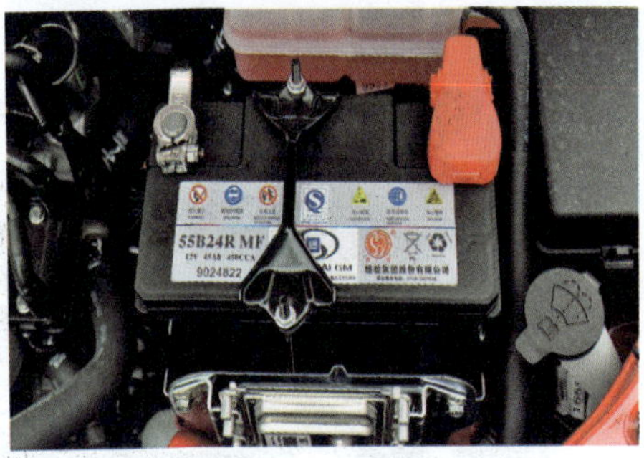

图 6-13-5　检查蓄电池

图 6-13-6　散热器盖橡胶垫、压力阀

4. 检查散热器盖

1）操作方法

(1) 观察散热器盖橡胶垫（图 6-13-6）是否变形、损坏。

(2) 按压散热器盖压力阀，检查弹力是否充足。

2）技术要求

橡胶垫无变形、损坏，压力阀弹力有效正常。

5. 检查火花塞（图 6-13-7）

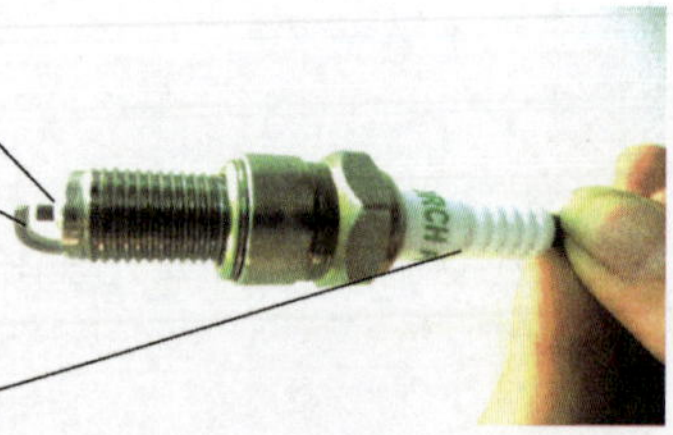

图 6-13-7 火花塞

1）检查内容

检查裙部陶瓷、电极颜色、跳火情况、电极间隙。

2）操作方法

(1) 观察火花塞裙部陶瓷是否断裂，中心电极、侧电极是否积炭，电极颜色是否正常。

(2) 把火花塞装入火花塞帽后搭铁，起动发动机对火花塞进行跳火试验，观察火花塞的跳火情况。

(3) 用塞尺测量中心电极与侧电极间隙。

3）技术要求

陶瓷无断裂，电极无积炭，电极颜色呈正常的褐色，电极火花呈蓝色，火花集中、连续。

6. 检查转向助力液

检查转向助力液液位和渗漏情况。

1）操作方法

(1) 发动机未起动状态下，检查转向助力液液位（图 6–13–8）。

图 6-13-8 检查转向助力液液位

(2) 起动发动机，并使发动机怠速运转。

(3) 车辆保持不动，左右转动转向盘，让转向轮转到最大角度，使转向助力液温度上升到 40~80℃，再在把转向盘转到中间位置。

(4) 检查助力液液位，对比发动机起动前和发动机起动后并怠速运转时液面的高度差。

(5) 观察转向助力液储液罐和连接管路有无渗漏现象，油液颜色是否浑浊。

2）技术要求

转向助力液液位应在规定范围内，冷机与热机时的液位连接管路无渗漏现象。

任务检验

任务结束后，完成以下项目工作页。

<table>
<tr><td>班级</td><td>姓名</td><td>项目名称</td><td>完成日期</td><td>成绩</td><td rowspan="2">自我评价</td></tr>
<tr><td></td><td></td><td></td><td></td><td></td></tr>
<tr><td>项　目</td><td colspan="4">内容</td><td rowspan="3"></td></tr>
<tr><td rowspan="2">机油加注与空气滤清器滤芯的更换</td><td colspan="4">1. 机油加注前应做哪些准备工作?</td></tr>
<tr><td colspan="4">2. 写下自己所知道的润滑油品牌。</td></tr>
</table>

任务十四　起动发动机及暖机过程、暖机后的检查

任务导入

一辆雪佛兰轿车进 4S 店进行四万公里保养。起动发动机及暖机过程、暖机后发动机室的检查也是发动机维护保养项目，你是 4S 店的技术员，接车后你该做哪些准备、怎样做呢？

知识储备

一、作业内容

（1）紧固车辆轮毂螺母。

（2）检查 PCV 阀及其连接软管。

（3）检查冷却软管及冷却液液位。

（4）检查空调制冷剂量。

（5）检查自动变速器油液位及油质。

（6）检查机油液位。

二、操作注意事项

（1）正确使用工具。

（2）不可随意起动发动机，需要起动发动机时要把变速杆置于 P 或 N 位。

（3）不能随意按动举升机操纵开关。

任务实施

一、紧固车辆轮毂螺母

1. 操作方法

（1）选择合适的套筒和延伸杆装入扭矩扳手。

（2）把扭矩扳手（刻度盘式扭矩扳手或预置式扭矩扳手均可）调到《维修手册》规定扭矩的 1/2，并按对角的顺序对轮毂螺母进行第一次紧固，如图 6-14-1 所示。

（3）把扭矩扳手调到《维修手册》规定的扭矩（一般为 103N · m），并按对角的顺序对轮毂螺母进行第二次紧固。

图 6-14-1　紧固车辆轮毂螺母

2. 技术要求

选用的工具要合适，并按规定的扭矩分两次紧固轮毂螺母。

二、检查 PCV 阀及其连接软管

1）检查内容

（1）检查 PCV 阀工作是否正常。

（2）检查软管是否有裂纹或损坏。

2）操作方法

（1）起动发动机。

（2）用手夹紧—松开 PCV 阀连接软管数次，听 PCV 阀是否发出“嘀嗒”声。

（3）观察 PCV 阀连接软管是否有裂纹、鼓包、扭曲及漏气现象，如图 6-14-2 所示。

3）技术要求

PCV 阀应正常有效，连接软管应无裂纹、鼓包、扭曲及漏气现象。

图 6-14-2　检查 PCV 阀连接软管

图 6-14-3　检查冷却软管及冷却液液位

三、检查冷却软管及检查、更换冷却液

1. 检查冷却软管及冷却液液位（图 6-14-3）

1）操作方法

（1）观察冷却液液位是否正常，散热器连接软管是否松脱、有裂纹、渗漏。

（2）检查卡箍安装是否松动。

（3）观察储液罐液位。

2）技术要求

散热器连接软管无松脱、裂纹、渗漏现象，卡箍安装紧固，液位符合标准。

2. 更换冷却液

1）操作方法

（1）把车辆举升到合适的工作高度。

(2) 拆下散热器下方排放塞，把冷却液排入排放桶中。

(3) 冷却液排放完毕，装上排放塞，并按规定的扭矩拧紧排放塞。

(4) 放下车辆，根据当地气温条件把乙二醇－水型冷却液或全效防冻液加入散热器和储液罐。散热器液面应在散热器口下水沿口，储液罐应加至“FULL”标记处。

(5) 起动发动机 2 ～ 3min，使冷却液循环排出系统内的空气。同时，检查散热器冷却液液面，液面降低的按标准补足。

(6) 盖好冷却液加注口盖。

2) 技术要求

(1) 冷却液液位应在储液罐 max 与 min 刻度线之间（最好在中间偏上位置）。

(2) 拆卸散热器冷却液加注口盖必须在发动机冷却后进行。

(3) 选用的冷却液冰点应比当地最低气温低 5 ～ 10℃。

四、检查空调制冷剂量

1) 操作方法

(1) 起动发动机，并使发动机转速保持在 1500r/min。

(2) 打开空调开关，温度控制按钮旋至最凉位置，如图 6-14-4 所示。

(3) 将鼓风机风速调到高位。

(4) 将温度控制旋钮调至最凉位并打开所有车门。通过观察窗观察制冷剂的流量来判断制冷剂量（空调观察窗在机舱内右前方冷却液储液罐附近），如图 6-14-5 所示。

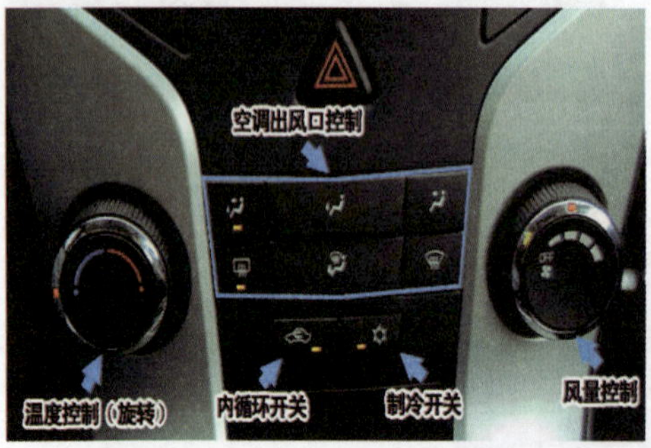

图 6-14-4 打开空调并调节温度

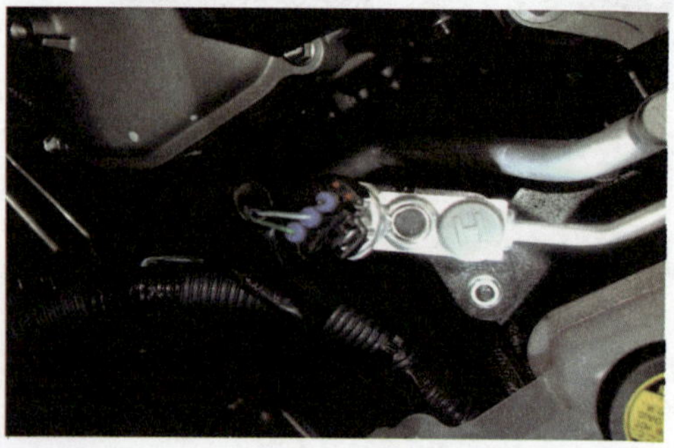

图 6-14-5 通过观察窗观察制冷剂

2) 技术要求：

观察窗内应有气泡产生，气泡面积应占观察窗面积的 1/3。

五、检查自动变速器油液位及油质

1) 操作方法

(1) 起动发动机让发动机怠速运转。

(2) 把变速杆按 P 位到 D 位（图 6-14-6）的顺序换挡，再按 D 位到 P 位的顺序拉回来。

(3) 拉出油尺用抹布擦拭干净后再插回油尺导轨中。

(4) 再次拉出油尺，检查变速器油液位是否在“HOT”（热机）范围。同时，检查其油质，视情况进行更换。

2) 技术要求

油尺插回导轨时，要完全插到底。检查时，油尺与地面约成 45°。热机时液位要在规定的位置。油质符合使用要求。

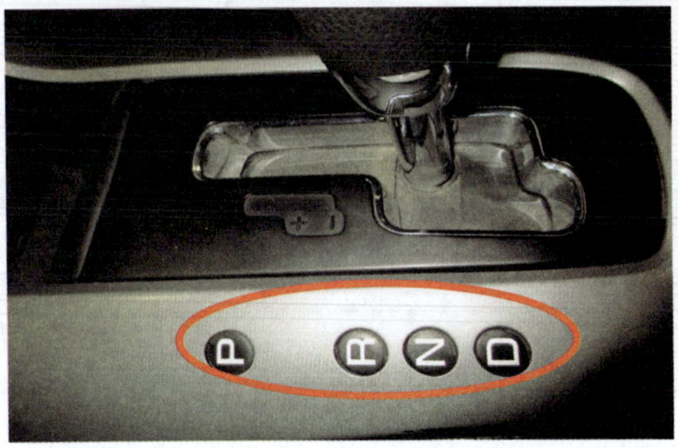

图 6-14-6　自动变速器挡位

提示：液位应当在发动机正常运转时检查（液温 75℃左右），有渗漏现象时液位也会下降，因此，液位较低时，应先检查发动机有无渗漏现象，油温是否正常。

六、检查机油液位

发动机熄火后（5min 以上），检查机油的液位，应在规定范围内，否则添加至合适液位。

任务检验

任务结束后，完成以下项目工作页。

班级	姓名	项目名称	完成日期	成绩	自我评价
项　目	内容				
空调的检查	1. 检查空调的步骤有哪些?				
	2. 汽车制冷剂的型号是什么？怎样判断制冷剂量是否合适?				

任务十五　复检及恢复清洁

任务导入

一辆雪佛兰轿车进 4S 店进行四万公里保养。复检及恢复清洁是四万公里维护保养最后的项目。你是 4S 店的技术员，你该怎样做呢?

知识储备

一、作业内容

（1）检查制动液、发动机机油、变速器油等是否渗漏。

（2）检查更换部件等的安装情况。

（3）拆卸翼子板布、前格栅布。

（4）清洁车身外部、内部。

二、操作注意事项

（1）进入车辆前要安放好车轮挡块。

（2）进入车内起动车辆时需放驻车挡。

（3）不能随意按动举升机操纵开关。

（4）不能随意起动发动机。

任务实施

一、复检

1. 准备工作

变速杆置于 N 位，松开驻车制动杆，把车辆举升到合适的高度。

2. 操作方法

（1）检查底盘油液是否有渗漏现象。检查内容包括：检查冷却液、检查机油、检查变速器油、检查前制动器制动液、检查燃油、检查后制动器制动液。

（2）检查更换部件等的安装情况。

3. 技术要求

底盘无油液渗漏现象，部件安装正确、到位。

二、恢复清洁

1. 准备工作

降下车辆，变速杆置于 P 位，拉起驻车制动杆，安放车轮挡块。

2. 操作方法

（1）拆卸翼子板布、前格栅布（图 6–15–1）。

（2）清洁车辆外部车身（图 6–15–2）。

图 6-15-1 拆卸翼子板布、前格栅布

图 6-15-2 拆卸座椅套、转向盘

①用干净软抹布蘸一些中性洗洁剂清洁前格栅、翼子板、风窗玻璃、风窗玻璃、车门、后风窗玻璃、后视镜及车身其余部位。

②用干净抹布把清洁过的部位擦拭干净。

（3）清洁车辆内部

①用干净软抹布蘸一些中性洗洁剂清洁仪表、仪表台、烟灰缸、驻车制动杆防护罩等部位。

②用干净抹布把清洁过的部位擦拭干净。

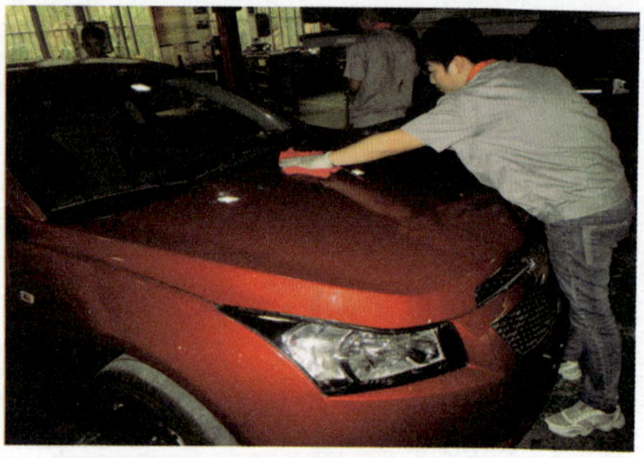

图 6-15-3 清洁车辆外部车身

3. 技术要求

车身内、外车容整洁。

任务检验

任务结束后，完成以下项目工作页。

<table>
<tr><td>班级</td><td>姓名</td><td>项目名称</td><td>完成日期</td><td>成绩</td><td>自我评价</td></tr>
<tr><td></td><td></td><td></td><td></td><td></td><td rowspan="6"></td></tr>
<tr><td>项　目</td><td colspan="4">内容</td></tr>
<tr><td rowspan="3">恢复清洁</td><td colspan="4">1. 车辆复检有哪些注意事项?</td></tr>
<tr><td colspan="4">2. 车身外部恢复清洁的步骤有哪些?</td></tr>
<tr><td colspan="4">3. 车身内部恢复清洁的步骤有哪些?</td></tr>
</table>

项目小结

1. 车辆四万公里维护由汽车维修企业负责完成，包含了一级维护、二级维护中所有的维护项目。

2. 四万公里维护包括基本维护作业和附加作业

3. 四万公里维护的保养内容主要包括：

汽车油液的检查、补给及部件的润滑作业、车身电器及方向盘、制动器的检查、调整作业、车身部件及汽车底部的检查、紧固作业、发动机舱各部件的检查、紧固作业。

4. 四万公里维护经竣工检验合格后，方可交车出厂。

思考与练习

1. 为什么要对车辆进行四万公里维护?

2. 车辆四万公里维护项目主要有哪些?

3. 试制作一份车辆四万公里的维护检验作业工单

附录　汽车维护与保养项目作业表

汽车二级维护项目——作业表

维护项目作业表［顶起位置 1（1/4）］

姓名 ____________　班级 ____________　分数 ____________

定期保养项目（共有 28 项）

预检工作

驾驶员座椅

- [ ] (001) 安装座椅套
- [ ] (002) 安装地板垫
- [ ] (003) 安装转向盘套
- [ ] (004) 拉起发动机舱盖释放杆

车辆前部

- [ ] (005) 打开发动机舱盖
- [ ] (006) 安装翼子板布
- [ ] (007) 安装前格栅布
- [ ] (008) 安装车轮挡块

发动机舱

- [ ] (009) 检查发动机冷却液液位
- [ ] (010) 检查发动机机油液面
- [ ] (011) 检查制动液液位
- [ ] (012) 检查清洗器液面

驾驶员座椅

左	右	车灯
☐	☐	(013) 检查示宽灯点亮
☐	☐	(014) 检查牌照灯点亮
☐	☐	(015) 检查尾灯点亮
☐	☐	(016) 检查前照灯（近光）点亮
☐	☐	(017) 检查前照灯（远光）和指示灯点亮
☐	☐	(018) 检查前照灯闪光开关和指示灯点亮
☐	☐	(019) 检查转向灯和指示灯点亮
☐	☐	(020) 检查危险警告灯和指示灯点亮
☐	☐	(021) 检查制动灯点亮（尾灯点亮时）
☐	☐	(022) 检查倒车灯点亮
☐	☐	(023) 检查转向开关自动返回功能

(024) 检查仪表板照明灯点亮
(025) 检查顶灯点亮
(026) 检查组合仪表警告灯（点亮和熄灭）

左 右 前风窗玻璃清洗器
(027) 检查喷射力、喷射位置 目测
(028) 检查喷射时刮水器联动 目测

维护项目作业表［顶起位置 1 (2/4)］

姓名 ____________ 班级 ____________ 分数 ____________

定期保养项目 (共有 27 项)

左 右 前风窗玻璃刮水器
(029) 检查工作情况 (低速)
(030) 检查工作情况 (高速)
(031) 检查自动回位位置
(032) 检查刮拭状况 目测

喇叭
(033) 检查工作情况

驻车制动器
(034) 检查驻车制动杆行程
(035) 检查驻车制动器指示灯点亮

制动器
(036) 检查制动器踏板应用状况（响应性）
(037) 检查制动器踏板应用状况 (完全踩下)
(038) 检查制动器踏板应用状况 (异常噪声)
(039) 检查制动器踏板应用状况 (过度松动)
(040) 测量制动踏板高度
(041) 测量制动踏板自由行程
(042) 检查制动助力器工作情况 (下沉)
(043) 检查制动助力器真空功能 (控制阀：高度不变)

转向盘
(044) 测量自由行程
(045) 检查松驰和摆动
(046) 检查点火开关在 ACC 位置时 , 转向盘可否自由转动

外部检查准备
(047) 打开行李箱门
(048) 打开燃油盖
(049) 将顶灯开关旋至 DOOR 位置
(050) 将变速杆置于空挡
(051) 释放驻车制动杆

左前车门

门控灯开关

☐ (052) 检查工作情况（顶灯和指示灯工作情况）

车身螺栓和螺母

☐ (053) 检查座椅安全带的螺栓和螺母是否松动

☐ (054) 检查座椅的螺栓和螺母是否松动

☐ (055) 检查车门的螺栓和螺母是否松动

维护项目作业表［顶起位置 1 (3/4)］

姓名 ________ **班级** ________ **分数** ________

定期保养项目（共有 18 项）

左后车门

门灯开关

☐ (056) 检查工作情况（顶灯和指示灯工作情况）

螺栓和螺母

☐ (057) 检查座椅安全带的螺栓和螺母是否松动

☐ (058) 检查座椅的螺栓和螺母是否松动

☐ (059) 检查车门的螺栓和螺母是否松动

油箱盖

油箱盖

☐ (060) 检查是否变形和损坏

☐ (061) 检查连接状况

后部

左	右	车灯
☐	☐	(062) 检查安装状况
☐	☐	(063) 检查是否损坏和有污垢

备用轮胎

☐ (064) 检查是否有裂纹和损坏

☐ (065) 检查是否嵌入金属颗粒或其他异物

☐ (066) 测量胎面沟槽深度（使用钢直尺测量）

☐ (067) 检查是否有异常磨损

☐ (068) 检查气压

☐ (069) 检查是否漏气

☐ (070) 检查钢圈是否损坏或腐蚀

螺栓和螺母

☐ (071) 检查行李箱门的螺栓和螺母是否松动

左	右	后悬架
☐	☐	(072) 检查减振器的阻尼状态
☐	☐	(073) 检查车辆倾斜度

维护项目作业表 [顶起位置 1 (4/4)]

姓名 __________ 班级 __________ 分数 __________

定期保养项目 (共有 14 项)

右后车门

门灯开关

□ (074) 检查工作情况（顶灯和指示灯工作情况）

螺栓和螺母

□ (075) 检查座椅安全带的螺栓和螺母是否松动

□ (076) 检查座椅的螺栓和螺母是否松动

□ (077) 检查车门的螺栓和螺母是否松动

右前车门

门灯开关

□ (078) 检查工作情况（顶灯和指示灯工作情况）

螺栓和螺母

□ (079) 检查座椅安全带的螺栓和螺母是否松动

□ (080) 检查座椅的螺栓和螺母是否松动

□ (081) 检查车门的螺栓和螺母是否松动

前部

左 右 前悬架

□ □ (082) 检查减振器的阻尼状态

□ □ (083) 检查车辆倾斜度

左 右 灯

□ □ (084) 检查安装状况

□ □ (085) 检查是否损坏和有污垢

发动机舱

□ (086) 检查发动机舱盖的螺栓和螺母是否松动

□ (087) 拆卸机油加注孔盖

维护项目作业表［顶起位置 3 (1/2)］

姓名 ____________ 班级 ____________ 分数 ____________

定期保养项目（共有 25 项）

底盘

发动机机油（排放）

☐ (088) 检查是否漏油（发动机各部位的配合表面）
☐ (089) 检查是否漏油（油封）
☐ (090) 检查是否漏油（排放塞）
☐ (091) 排放发动机机油

传动带

☐ (092) 检查是否变形
☐ (093) 检查是否损坏（磨损、裂纹、脱层或其他损坏）
☐ (094) 检查安装状况（传动带张力检查）

左	右	驱动轴护套
☐	☐	(095) 检查是否有裂纹、损坏（外侧）
☐	☐	(096) 检查是否有裂纹、损坏（内侧）
☐	☐	(097) 检查是否泄漏（外侧）
☐	☐	(098) 检查是否泄漏（内侧）

左	右	转向连接机构
☐	☐	(099) 检查是否松动和摇摆
☐	☐	(100) 检查是否弯曲和损坏
☐	☐	(101) 检查防尘套是否有裂纹和损坏

制动管路

☐ (102) 检查是否泄漏
☐ (103) 检查制动管路上是否有压痕或其他损坏
☐ (104) 检查制动管路、软管是否扭曲、有裂纹和凸起
☐ (105) 检查制动管路、软管的安装状况（松旷）

燃油管路

☐ (106) 检查燃油是否泄漏
☐ (107) 检查燃油管路是否损坏

排气管和安装件

☐ (108) 检查排气管是否损坏
☐ (109) 检查消声器是否损坏
☐ (110) 检查排气管吊挂是否损坏或脱落
☐ (111) 检查密封垫片是否损坏
☐ (112) 检查排气管是否泄漏

维护项目作业表 [顶起位置 3 (2/2)]

姓名 ______________ 班级 ______________ 分数 ______________

定期保养项目(共有 30 项)

左 右 悬架

□ □ (113) 检查是否损坏(万向节)
□ □ (114) 检查是否损坏(前减振器)
□ □ (115) 检查是否损坏(后减振器)
□ □ (116) 检查是否泄漏(前减振器)
□ □ (117) 检查是否泄漏(后减振器)
□ □ (118) 检查是否损坏(前减振器螺旋弹簧)
□ □ (119) 检查是否损坏(后减振器螺旋弹簧)
□ □ (120) 检查是否损坏(下臂)
□ □ (121) 检查是否损坏(稳定杆)
□ □ (122) 检查是否损坏(拖臂和后桥)

发动机油排放塞

□ (123) 更换排放塞衬垫
□ (124) 安装紧固排放塞

螺栓和螺母(车辆底部)

前悬架

□ □ (125) 前下悬架臂 × 前悬架横梁
□ □ (126) 前下球节 × 前下悬架臂
□ □ (127) 前悬架横梁 × 车身
□ □ (128) 前制动卡钳 × 万向节
□ □ (129) 前减振器 × 万向节
□ □ (130) 稳定杆连杆 × 前减振器
□ □ (131) 稳定杆 × 稳定杆连杆
□ □ (132) 前悬架横梁前支架 × 前悬架横梁
□ □ (133) 前悬架横梁后支架 × 前悬架横梁
□ □ (134) 前悬架横梁加强件 × 前悬架横梁
□ □ (135) 横拉杆端头锁止螺母(检查)
□ □ (136) 横拉杆端头 × 万向节(检查)
□ (137) 转向机壳 × 前横梁

后悬架

□ □ (138) 后桥横梁总成 × 车身
□ □ (139) 制动分泵 × 背板
□ □ (140) 后减振器 × 后桥横梁总成

其他

□ (141) 排气管
□ (142) 燃油箱

维护项目作业表［顶起位置 4］

姓名 ____________ 班级 ____________ 分数 ____________

定期保养项目（共有 22 项）

制动系统

左 右 车轮轴承

□ □ (143) 检查有无摆动

□ □ (144) 检查转动状况和噪声

□ □ (145) 拆卸车轮（左前右后）

轮胎

□ □ (146) 检查是否有裂纹和损坏

□ □ (147) 检查是否嵌入金属碎片和异物

□ □ (148) 测量胎面沟槽深度

□ □ (149) 检查轮胎是否异常磨损

□ □ (150) 测量轮胎气压

□ □ (151) 检查轮胎是否漏气

□ □ (152) 检查钢轮是否损坏或腐蚀

盘式制动器（左前）

□ □ (153) 测量制动器摩擦片的 厚度（内侧）

□ □ (154) 测量制动器摩擦片的厚度（外侧）

□ □ (155) 检查制动器摩擦片的不均匀磨损

□ □ (156) 检查盘式制动盘是否磨损和损坏

□ □ (157) 测量盘式制动盘的厚度

□ □ (158) 检查制动卡钳处有无制动液泄漏

盘式制动器（右后）

□ (159) 测量制动器摩擦片的厚度（内侧）

□ (160) 测量制动器摩擦片的厚度（外侧）

□ (161) 检查制动器摩擦片的不均匀磨损

□ (162) 检查盘式制动盘是否磨损和损坏

□ (163) 测量盘式制动盘的厚度

□ (164) 检查制动卡钳处有无制动液泄漏

维护项目作业表［顶起位置 5］

姓名＿＿＿＿＿＿　班级＿＿＿＿＿＿　分数＿＿＿＿＿＿

定期保养项目（共有 2 项）

驾驶员座椅

☐ ☐ (165) 检查制动踏板和杆（拖滞检查准备工作）

左 右 车轮（左前右后）

☐ ☐ (166) 检查制动器是否拖滞

维护项目作业表［顶起位置 6］

定期保养项目（共有 1 项）

左 右 轮胎

☐ ☐ (167) 车轮临时安装

维护项目作业表［顶起位置 7 (1/2)］

姓名＿＿＿＿＿＿　班级＿＿＿＿＿＿　分数＿＿＿＿＿＿

定期保养项目（共有 17 项）

发动机起动前

驻车制动器和车轮挡块

☐ (168) 使用驻车制动器并放置车轮挡块

发动机机油

☐ (169) 加注发动机机油

蓄电池

☐ (170) 检查电解液液位

☐ (171) 检查蓄电池盒是否损坏

☐ (172) 检查蓄电池端子是否腐蚀

☐ (173) 检查蓄电池端子导线是否松动

☐ (174) 检查通风孔塞是否损坏、堵塞

☐ (175) 测量电解液密度（单格）

制动液

☐ (176) 检查总泵内液面（储液罐）

☐ (177) 检查总泵是否泄漏

制动管路

□ (178) 检查液体是否泄漏

□ (179) 检查制动管路和软管是否有裂纹和损坏

□ (180) 检查制动管路和软管的安装状况

空气滤清器滤芯

□ (181) 检查并更换

前减振器的上支承

□ (182) 检查前减振器上支承是否松动

清洗液

□ (183) 检查液位（目视即可）

发动机暖机期间

轮毂螺母的再紧固

左 右

□ □ (184) 旋紧车轮

维护项目作业表［顶起位置 7 (2/2)］

姓名 ______________ 班级 ______________ 分数 ______________

定期保养项目（共有10项）

发动机冷却液

□ (185) 检查是否从散热器泄漏

□ (186) 检查橡胶软管是否泄漏

□ (187) 检查软管夹周围是否泄漏

□ (188) 检查散热器盖是否泄漏

□ (189) 检查橡胶软管是否有裂纹、凸起和硬化

□ (190) 检查橡胶软管连接是否松动

□ (191) 检查夹箍安装是否松动

发动机暖机后

空调

□ (192) 检查制冷剂量（从观察窗检查）

发动机停机后

发动机油

□ (193) 检查发动机机油液位（不必预热，按照当时温度）

发动机冷却液

☐ (194) 检查冷却液液位（目测储液罐）

维护项目作业表 [顶起位置 8]

姓名 ____________ 班级 ____________ 分数 ____________

定期保养项目 (共有 3 项)

最终检查

☐ (195) 发动机机油是否泄漏

☐ (196) 制动液是否泄漏

☐ (197) 更换零件等的安装状况

维护项目作业表 [顶起位置 9]

定期保养项目 (共有 2 项)

恢复 / 清洁

☐ (198) 拆卸翼子板布和前格栅布

☐ (199) 清洁车身、车身内部、烟灰缸等